少年漫游传统文化

我们的节日

三耳秀才◎著
三零◎插画

浙江人民出版社

赵小燕

大夏小学 601 班
学习委员

昵　称：小燕子

星　座：双鱼座

性　格：活泼伶俐，乐天派

座右铭：实现小目标，就要飘一飘。

三耳秀才

钱壮壮

大夏小学 505 班
班长

昵　称：小胖墩儿

星　座：金牛座

性　格：沉稳羞涩，公认的“别人家的孩子”

座右铭：向下扎根，向上生长，我是中华好男儿！

孙湉湉

大夏小学 601 班
文体委员

昵　称：小吃货

星　座：处女座

性　格：恬静，有礼貌，细致贴心

座右铭：读书如秋日登山，风光在路上，境界在山顶。

性　　格：幽默、善良、“孩子王”

职　　业：作家、非遗传承人

家庭成员：妻子，女儿赵小燕，儿子李大力

座 右 铭：小作家留痕，大作家留名。作家就是赢家。

李大力

大夏小学 505 班
小组长

昵　称：熊孩子

星　座：摩羯座

性　格：好学调皮，缺乏耐心

座右铭：少年强则国强！

给小小少年的中国节日故事

目 录

CONTENTS

❷ 春节：是中国的，也是世界的

2 / 过大年，从什么时候开始的？

5 / 过小年，谁要“离家出走”？

6 / 让我们“黏”在一起

11 / 铁与火的欢乐颂

12 / 除夕夜，守什么？

14 / 吉祥话接龙游戏

18 / 趣味小拓展

21 元宵节：上街呀，大家齐闹才热闹！

21 / 数字的逻辑与谐音的妙趣

23 / “元宵，还是一个人呀！”

27 / “我能传承什么？”

32 / 上街呀，大家来闹才热闹！

37 / 趣味小拓展

40 清明节：心胸宽广，悲欣交集

40 / 上巳节，好不风雅！

45 / 寒食节，我们吃什么喝什么？

49 / 清明节，心胸宽广，悲欣交集

53 / 趣味小拓展

56 端午节：热起来，我就燃起来

56 / 屈原祠来的问候

57 / 秀才家里的端午聚会

59 / 秭归的三个端午

63 / 端午的“午”，有点特别

66 / 原来是，想多了，想得美！

68 / “热起来我就燃起来”

72 / 趣味小拓展

75 七夕节：当下少年如何“弄巧”

75 / “追星”闲话

77 / 手机里的“大三角”

81 / 从航天到传说——纤云弄巧，飞星传恨

85 / “魁星点斗”迎少年

88 / 趣味小拓展

91 中秋节：先是小团圆，再是大团圆

91 / 十五的月亮十六“元”

92 / 最团圆夜是中秋

96 / “下雨了，怎么办？”

100 / 社区吃大餐，饕餮盛宴大团圆

105 / 趣味小拓展

108 重阳节：少年如何帮忙？

108 / 书房，父子对答

111 / 登山，则情满于山

115 / 重阳也是“女儿节”

117 / 夕阳，那个红！

118 / “什么样的帮忙是真帮忙？”

122 / 趣味小拓展

124 后　记　少年游　浩浩荡荡

春节

春节：是中国的，也是世界的

过大年，从什么时候开始的？

“秀才爸爸，过年从什么时候开始算起？”寒假作业的间隙，李大力抬起头问道。

不等三耳秀才回答，姐姐赵小燕插嘴道：“期末考试成绩还没出来，这么早就盼过年干嘛！”

“有好几个开始，李大力，你问的是哪个开始？”三耳秀才微微一笑。

“秀才爸爸，您就别卖关子了，直接说其中的奥妙吧！”

三耳秀才调整了一下坐姿，掰着手指开始算起来：“过年有四个开始！首先，从节日传统来说，腊八开始就有了过年的感觉，‘过了腊八就是年’嘛。腊八之后，过小年是春节的序幕，到了小年，民间就开始做一系列准备活动了，比如祭灶、扫尘、备年货……”

“那第二个开始呢？”小燕子好奇地问道。

“第二个开始，指的是源头。从天文历法和农事习惯来看，是立春。”

“立春就开始？”熊孩子不解。

“在先秦时期，古人就有了立春。有一本古书叫《礼记》，书上记载着：‘立春之日，天子亲率三公、九卿、诸侯、大夫以迎春于东郊。’在古代农业社会，立春标志着农事活动的开始，是一个重要的时间节点，有‘立春大于年’之说。”

“两个开始了，那第三个开始呢？”小燕子继续追问。

“是元旦。到汉武帝时，公元前104年，朝廷颁布了一个历法，叫‘太初历’，这部历法把二十四节气直接写进去了，并把岁首，也就是每年第一个月放在正月，就像从前的夏历建寅于孟春之月那样。这部历法的功臣叫落下闳。”

“落下是个姓，就像诸葛一样，是复姓。”三耳秀才继续说道，“历法推算是落下闳的发明。他的老家，如今四川省阆中市的人把他称为‘春节老人’。早在2011年，阆中市还建成了国内首家‘中华春节文化主题园’，园里有落下闳的巨型铜像。假期爸爸可以带你们去实地考察哦。”

“噢，原来是这样呀！”小燕子带着钦佩的口吻继续问：“那么，第四个开始呢？”

“第四个开始就是‘春节’了。1913年，政府内务部的朱启钤先生写了一份报告，申请把‘阴历元旦’定为‘春节’，袁世凯批复：‘准了’。所以，我们就有了‘春节’。从此，我们中国人就过上了叫‘春节’的春节。”

“1914 年到现在，已经 100 多年啦。”小燕子开始算起数学来了。

“秀才爸爸，你说的不全，我知道还有一个开始，一个世界非遗的开始。”熊孩子说道。

“什么世界非遗？”小燕子问道。

熊孩子笑了：“我们老师说，春节申报世界非物质文化遗产成功了！”

“没错。”三耳秀才接着熊孩子的话，说道，“2024 年 12 月 4 日，中国申报的‘春节——中国人庆祝传统新年的社会实践’通过评审，列入联合国教科文组织人类非物质文化遗产代表作名录。”

“这样一来，好几个开始，还挺有文化的！”小燕子感叹道。

三耳秀才继续说道：“四个开始，所以我专门用‘欢乐颂四重奏’来总结：

“第一重奏是立春祈丰年，国之大事，天子带队，时间至少可以追到先秦。

“第二重奏是元旦是新年，太初有道，落下有功，时间是西汉到 1913 年。

“第三重奏是春节过大年，继往开来，定名春节，时间为 1914 年到现在。

“第四重奏是非遗中国年，守正创新，举世闻名。2024 年底，春节申报世界非遗成功，2025 年春节就是第一个非遗版的春节。

“这样的春节，我们也可以形象地称为‘地球村的春节’。换句话说，从此以后，我们完全可以说，春节，是中国的，也是世界的。”

“秀才爸爸，你真会总结呀！”小燕子由衷地表扬道。

过小年，谁要“离家出走”？

寒假期间，米发米发社区热闹起来。腊月二十四中午，社区的吴阿太组织了一场“小年会”。

吴阿太在展台上当起了主持人，她问：“今天过小年，夏天我们说过这样一句话，‘今年杨梅是小年’。请问，杨梅小年是什么意思？”

“就是杨梅不多、产量不高呗！”食物问题难不倒小吃货孙湉湉。

吴阿太接着抛出第二个问题：谁能讲讲灶王爷的故事？小燕子立马举起手来。

小燕子走到中央，先问大家一个问题：“过大年，谁要‘离家出走’？”

见没人能答上来，小燕子说道：“就是灶王爷呀！灶王爷要上天向玉皇大帝汇报我们每户人家的吃饭问题，所以，他得‘离家出走’。”

“哈哈哈”，台下的小朋友们都笑了起来。小燕子接着讲起了灶王爷的故事。

灶王爷姓张，叫张单。张单家里富裕，娶了老婆，但他觉得老婆不好，把她赶了出去。而他自己呢？不爱干活，只爱“躺平”。后来，他把家里所有的财产都败光了，只得外出乞讨，恰巧来到了前妻的家里。张单一抬头，看到是前妻，脸涨得通红，无地自容，急切之间一头钻进了灶里。这桩事不知怎么让玉皇大帝知道了。玉皇大帝心一软，认为张单还知道羞耻，于是给他派了个差事，让他当起了灶王爷。

小燕子在故事快结束时说道：“灶王爷喜欢吃甜的，他一吃甜的就会多多说好话，大家今天晚上回家祭灶王爷，记得多给他甜食呀。”

“好嘞！”熊孩子立即捧场，往嘴里塞了一块糖果。

小燕子赶紧又加了个总结：“另外，我们不要学灶王爷躺平，不干活儿。我们得好好学习，天天向上！”

让我们“黏”在一起

宝山市有一条老街，叫鼓楼老街。临近春节，市里发起了“我们的节日 · 春节”系列活动，其中最重要的活动之一“非遗吉市”就在这条老街上。

一放寒假，姐弟俩就谋划着鼓动秀才爸爸一起逛老街。

“爸爸，我们约了湉湉和壮壮，节日少年营就差您了！”小燕子撒娇。

李大力跟着道：“我们老师说，今年是第一个世界非遗版的春节，好看好玩的肯定多！秀才爸爸，您来选，是今天去还是明天去？”

“热情这么高呀，那就今天吧！”三耳秀才决定暂时丢下手头的工作，满足孩子们的愿望。

“嚯，年味是挤出来的。”晚饭后，一到鼓楼老街，看着熙熙攘攘的人群，小胖墩脱口而出一句有哲理的话。

“咚咚咚”，循着响声，一行人就挤向热闹的地方。原来是做油赞子的老字号商家，在大门左边架起了一座威风的大鼓，鼓面中间写着大大的“财”字。四个小伙伴联合行动，不一会儿，小胖墩就拿到了鼓槌。

“秀才老师，您先来敲！”小胖墩对三耳秀才说道。

“你们知道如何敲鼓吗？”三耳秀才接过鼓槌，向大家提出问题，见几个小脑袋一脸疑惑，他笑了，“敲打‘财’字的左边，就是‘贝’。‘贝’是金子银子，你一敲在这上面，金子银子往下掉，掉下来就落到你口袋里去了，‘财’字只剩下‘才’。这样，你就有‘才’华了。”

孩子们没空听他说书，早就被热闹的年味吸引走了。鼓楼老街是沿河而建的，过了“老字号”，再往前走就到了“非遗吉市”。

“吉市就是集市。”小胖墩盯着“吉市”说道，“都是谐音梗。秀才老师，您看，这里写的是‘蛇来运转’，指的是时来运转。”

“蛇，就是那个‘它’，动物指称的那个‘它’。这个‘它’

字最初指的就是蛇，后来应用范围扩大，加了一个虫字旁，就成了蛇。”三耳秀才不忘用古文字的知识来教导大家。

集市上悬挂着红底黑字书法写就的旧日童谣，迎风飘动，喜气洋洋。小吃货边看边念：“十二月忙年夜到，挨家挨户做年糕。送年送灶事才了，又把门神贴一遭。”小燕子也加入念诗：“正月

人家要拜年，衣裳都换簇新鲜。瓜子花生先供客，待煮汤团乞少延。”

另一侧，糖画艺人娴熟地用热糖浆勾勒出各种吉祥图案，旁边等着的小女孩目不转睛地盯着他的手，浑然忘记了手上的冰糖葫芦；剪纸艺人手中的剪刀如同魔法棒，几下便剪出一幅幅精美的窗花，红纸上的图案寓意着来年的幸福与安康，买家小心翼翼地接过窗花，满足地对着阳光欣赏。

走在前面的熊孩子李大力，忽然往回跑了几步，拉起了姐姐赵小燕的汉服袖子，小燕子嫌弃地说道：“喂！别把我的新衣服弄脏了。”熊孩子道：“姐姐，前面也有皮影戏。”

“皮影戏？刚才我们走过的那个戏台上，刚看到有表演，这里怎么也有？”小燕子疑惑道。

“这是用皮影戏的皮影元素做的‘皮影首饰’，您看上面写的文字。”三耳秀才边说边念了起来：“将皮影艺术融入饰品，创意非凡。首饰轻薄灵动，佩戴间似有故事流转，传统与时尚碰撞。”

“可惜，看不到传说中的打铁花。”逛了半天集市，熊孩子失望地说。

“劳动创造了物质财富，同时也体现了精神，甚至可以说也创造了精神。像打铁花，本来打铁是很苦很累的事情，但再苦再累也有美。让火花‘夸张’起来，就有了打铁花呀！”

“这道理，和‘梅花香自苦寒来’一样。”聪明的孙湉湉立刻联想起刚学过的梅花诗。

逛了好久，大家的脚板都酸了，三耳秀才说道：“我请客，给你们买东西吃。你们要吃什么？”

熊孩子李大力抬头一看店铺牌匾，说道：“既然到了年糕店，当然要吃年糕了。”

大家抬头一看，只见上面用彩色字体组成一行文字，小胖墩大声念了出来：“让我们‘年’在一起。”

铁与火的欢乐颂

这时，一阵锣鼓声吸引了众人的注意力，熊孩子忘了饥肠辘辘的肚子，马上兴奋起来：“肯定有活动了，走走走。”

广场边人群驻足，不时爆发出喝彩声，几个孩子灵活地钻到了最前面。只见一条金色的巨龙在人群中腾跃而起，龙身闪闪发光，舞动的姿态宛如活龙一般，吸引了无数目光。

开场舞龙表演完毕，数位表演者身着传统服饰，手握铁锤，站在高高的铁砧上，神情专注。炽热的火焰在炉中熊熊燃烧，火星四溅，仿佛为这场表演增添了几分神秘的色彩。

熊孩子眼前一亮："快看，是打铁花！"

表演者用力挥动铁锤，随着一声声清脆的撞击声，红色的铁汁瞬间化作璀璨的火花，像流星雨般洒落，绚丽夺目。

众人屏息凝视，眼中闪烁着惊奇与赞叹。孩子们兴奋地盯着空中飞舞的火花，嘴里不停地发出惊呼声。那火花在夜空中绽放，宛如盛开的花朵，瞬间照亮了整个广场，映衬出所有人开心的面庞。

随着最后一锤落下，空中绽放出一朵最为璀璨的火花，瞬间化为无数金色的火星，缓缓飘落，像是为新年的到来送上了最美妙的欢乐颂。观众们纷纷欢呼，掌声雷动，整个广场洋溢着喜庆的气氛。

除夕夜，守什么？

除夕夜，宝山市家家户户张灯结彩，三耳秀才家也不例外，大门早已贴上了大红春联。屋内，几盆年宵花和蝴蝶兰平添喜气，厨房里更是香气扑鼻。

"姐姐快看，这样贴行不？"熊孩子在小燕子的指导下，正踩着凳子贴窗花。“完美主义”的小燕子不厌其烦地指挥着弟弟。

终于，在爸爸妈妈一下午的忙活下，年夜饭的时间到了。桌子上摆满了丰盛的菜肴，有香喷喷的红烧肉、清蒸鱼、梭子蟹，还有姐弟俩最爱的八宝甜饭！

三耳秀才说道：“当年……”

“爸爸打住！别再忆苦思甜了，我们的耳朵都要起茧子了！”心直口快的小燕子夸张地摸摸耳朵。

嘴里塞满食物的熊孩子直认同地“嗯嗯啊啊”点头。

“哈哈哈哈，好的，爸爸从善如流，不说过去了。只不过每到过年，我们最容易感叹时间过得太快。所以，一个怪物会在除夕出现。这个怪物是什么呀？”

“太简单了。就是年兽嘛！”熊孩子脱口而出。

“接下来的问题来了，年兽有什么意义？”

“年兽不就是传说中吃人的怪兽吗？还有意义？”熊孩子立马反问道。

“神是人创造出来的，怪兽是人创造出来的。既然是人创造的，那当然有意义！你们猜一猜是什么？”

“年兽咬人，人就害怕呀，要赶走它嘛。这有什么意义？”小燕子也问了起来。

“不要卖关子了，你直接说吧！”燕子妈妈催促着他。

“其实，没有标准答案。年兽表面是吃人，实际上吃掉的是我们生命中的时间！所以，这里面隐藏了我们潜在的观念：要珍惜我们的时间。过去的一年快完了，所以我们要守岁，这就是惜时，也就是守住时光。除夕代表新的一年快来了，所以中国传统春节有吃饺子的习俗。”

“哈哈，这个我知道。”燕子妈妈笑了起来，“饺子就是‘交子’。好了，大过年的别上课了！”说到这里，她手里的筷子不小心掉到了地上。熊孩子眼珠一转，发问：“筷子掉到地上，会得到什么？”

小燕子马上说：“快（筷）乐（落）！”

“原来又是一个谐音梗呀！”三耳秀才笑了起来。

燕子妈妈插嘴说道：“那如果一只碗掉在地上摔破了呢？”

“岁岁（碎碎）平安。”两个孩子抢着答道。

三耳秀才拿起一只碗，举了起来，做出摔碗的动作，说道：“迎新春，要不要直接摔破一只碗呀？”

燕子妈妈马上瞪眼：“你敢！”

“哈哈哈……”

吉祥话接龙游戏

初一到十五，一天一句吉祥语。

过大年，“少年营”的任务是：说好话，拿红包。

红包好拿，好话可不一定好说哦！为此，少年们玩起了吉祥话接龙游戏，供读者小朋友们参考。

正月初一，是鸡日。小胖墩钱壮壮抢着说：“希望大家吉人吉相，闻鸡起舞，大吉大利，万事大吉。”

正月初二，是狗日。熊孩子李大力说：“苟富贵，勿相忘。”谁知，话音刚落，赵小燕反对了：“你想搞农民起义当陈胜呀，不行，你得换一个说法。”熊孩子歪了歪脑袋，这时，小吃货抢着说：“白云苍狗，希望大家人间清醒，拜年可以拿红包，读书就是引体向上。”

正月初三，是羊日。小燕子说：“三阳开泰，四季平安。”姐姐话音未落，熊孩子李大力就追着说了起来：“三阳开泰，上课淘宝喜洋洋，下课淘气喜洋洋，红包到手喜洋洋。”熊孩子这一说，大家都笑倒了。

正月初四，是猪日，也是灶王爷回到人间开始上班的第一天。负责搞笑的熊孩子说：“灶王上班就是好，大家顿顿要吃好。夜晚开出生日宴，照顾八戒好不好？”——“好！”大家齐声说道。

正月初五，是牛日。“财神来，接住啦！”小燕子先开了口，然后四个小伙伴一起说道：“大年初五迎财神，红包飞来砸我们。我们不怕砸到脚，不乱阵脚是牛人。”

正月初六，是马日。小胖墩钱壮壮发言，说的吉祥话是：“一马当先顺顺顺，万事如意顺顺顺，上学放假顺顺顺，学习考试顺顺顺。”

正月初七，是人日。吃着细面条，小燕子说："细面条，长又瘦，面条长寿真长寿，再吃一碗更长寿。"

正月初八，是顺星节。"这一天也是谷子的生日。"不一会儿，钱壮壮想出别致的吉祥话："正月初八，什么都发。大发小发，大小都发。多发少发，多少都发。好运来发，红包当家，我们把如意吉祥传万家，开门见喜，八方来财，发发发！"

正月初九，小吃货孙湉湉说的是"久"："好运连连到永久，万事顺心到永久，健康平安到永久。"

正月初十，小燕子说："时来运转，十全十美。"

正月十一，小胖墩说："正月十一送吉祥，幸福时光万年长。"

正月十二，小吃货说："灯光辉煌映笑颜，正月十二迎春天。愿你一切皆如意，幸福安康到永远！"

正月十三，熊孩子说："幸福绕，作业少，开心快乐自己找，你好我好大家好。"

正月十四，小燕子说："燕子飞来春到来，春暖花开大家笑。年年春节多欢乐，形势大好继续好。"

正月十五，三耳秀才也加入了吉祥话接龙游戏："初一到十五，十五月儿高。"话音刚落，熊孩子道："秀才爸爸，你这不是民歌《绣荷包》吗？"三耳秀才笑着说道："是的呀，不过，后面的词被我改了……"三耳秀才边说边举起一张红纸，红纸上写有字。大家齐声念道：

初一到十五，十五的月儿高。

十五出门看什么？

看到月儿高，看到灯笼飘。

月儿高，不觉高，一条火龙映碧霄、映碧霄。

趣味小拓展

妈妈带熊孩子李大力刚看完一部精彩的贺岁电影《哪吒之魔童闹海》，回到家中，熊孩子立刻兴奋地朝刚和湉湉逛完街回家的姐姐赵小燕叫道：“哪吒来了，‘我命由我不由天’！”

没想到，姐姐赵小燕两句就把熊孩子的气势给打压下去了：“你看电影，票是谁买的呀？”

“我买的呀！妈妈说我的红包鼓鼓的，让我去买！”熊孩子满脸得意。

“小小红包都由不了自己，还敢嚷嚷‘我命由我不由天’？”小燕子一针见血，熊孩子的脸色瞬间“晴转阴”。

这时，三耳秀才赶紧出面调解：“红包用起来才有意义呀！你买电影票，花的钱用在自己身上有价值，花在你妈妈身上更有价值哦！”

妈妈也及时补充：“没错！熊孩子真大方，他还给我买了一大杯奶茶，味道可好了！谢谢我的好宝贝！”

“好啦好啦，”三耳秀才继续说道，“哪吒的‘我命由我不由天’，其实还有些来头呢。”

“这不是《哪吒》制作团队的原创吗？”小燕子疑惑地问。

“文化总是可以追根溯源的。‘由我’和‘由天’，从古至今讲的是道理，也可以说是养生的哲学。”

“这话怎么说？”妈妈好奇地问。

三耳秀才开始滔滔不绝：“中国有道教，其中紫阳派的鼻祖张伯端（公元 983—1082 年）写过《悟真篇》，里面有七言绝句六十四首。第六十首和第六十一首有这样的句子：‘一粒灵丹吞入腹，始知我命不由天’和‘大道修之有易难，也知由我亦由天’。”

妈妈无奈地翻了个白眼：“又在掉书袋了。不过，哪吒的‘我命由我不由天’和道教的‘由我’‘由天’是一回事吗？”

“当然不一样。道教讲的是道，用大白话说，他们的‘由我’‘由天’其实是在谈炼丹和养生哦！”

“所以，一个是怕死，一个是不怕死？”妈妈思考片刻，说道，“讲怕死，所以炼丹养生；讲不怕死，所以就拼命！”

不等她说完，三耳秀才就竖起大拇指，随即转向熊孩子：“哪吒是怎么说的呀？”

“从来生死都看淡！”熊孩子大声回答，“专和老天对着干。我命由我不由天，小爷成魔不成仙！”

这个热烈的讨论让家里充满了欢声笑语，大家都被电影情节里哪吒的勇气感染了，心情也随之变得愉快起来！

元宵节

元宵节：上街呀，大家齐闹才热闹！

数字的逻辑与谐音的妙趣

宝山市米来大广场上，音乐喷泉不断喷出炫目的水柱，动听的音乐不绝于耳，年味未消，人们悠然自得地享受着节日的气氛。

“卖汤圆，卖汤圆，小二哥的汤圆是圆又圆……”随着音乐喷泉的旋律，小燕子妈妈开始哼唱这首歌。

“妈妈，”爱撒娇的小燕子跑过来依偎在妈妈怀里，好奇地问，“这首歌旋律真好听，是什么歌呀？”

“你们一定没听过，是一首台湾老歌，比我的年纪还大呢。”小燕子“哦”了一声，又注意到秀才爸爸在听手机外放的声音，便像一只灵活的燕子般扑到爸爸身边：“爸爸，你在听什么呀？”

“这是个很有趣的拜年小视频。”三耳秀才边说边把手机屏幕移到小燕子面前，手机开始播放：“可怜天下父母心呀。正月十一是祝福孩子们的吉日良辰，因为这一天是添丁日，也叫子婿日、孩子节。因此，长辈们在这一天会聚在一起，祝福孩子们。值此添丁日，愿孩子们在新的一岁中身强体健，无病无灾，纵使遇到霜寒也能乐观以对。希望孩子们永怀赤子之心，健康成长，一生顺遂，不忧不惧，守正笃实，逐光而行，岁岁平安。”

“秀才爸爸，什么是添丁日？”小燕子再次好奇地问。

三耳秀才笑着说：“大年初一是一个开始，到了十一，也算是一个新的开始。过大年，初一到初十，小辈给长辈拜年。到了十一，长辈就会‘回报’小辈。说白了，家里招待来客，一定会有剩饭剩菜。这时，不少人家就会邀请女婿，当然还有出嫁的女儿一起来吃。女婿在中国民间有‘半个儿’的说法，意思是他既是主人又是客人。因此，这一天被称为子婿日。依此类推，民间演变成了添丁日，也叫孩子节。”

“那么，正月十二、十三、十四呢？”燕子妈妈问道。

“十二是添顺日，代表一个轮回。我们有十二生肖的说法，所以一个轮回结束了就顺了。再过一天，正月十三被称为‘灯头生日’。”

“灯头还有生日？怎么过生日？”熊孩子不解。

三耳秀才耐心解释：“正月十三，家家户户的新灯笼做好了，就会在灶台下点起灯笼，简单来说，就是用灶膛里的火来点亮新做的灯笼。这个习俗从南宋开始就有了，称为‘点灶灯’，这便是给‘灯头’过生日。这一轮操作叫试灯，算是为元宵节拉开了序幕。接下来，正月十四为起灯，正月十五为正灯，正月十六为圆灯。”

三耳秀才继续说道：“元宵节最重要的元素是灯笼，中国文字有同音同义的规律。”李大力插嘴问道：“同音同义？”

“就是两个汉字如果同音，那么就有相同或相似的意义。因此，中国语言中一直流行谐音。”

小燕子问：“灯笼和什么字同音？”

“是灯笼的‘灯’和人丁的‘丁’同音。当然，念普通话，这两个字的发音并不相同，不过在不少地方的方言中，灯笼的‘灯’和人丁的‘丁’读起来很相似。”三耳秀才继续说道，“闹元宵，玩灯笼，其实人们最初寄托的愿望是人丁兴旺。用一个成语来说，那便是‘生生不息’。在民间，人们把传宗接代这件事称为延续香火。香火，不就是灯火吗？一个人死了，人们会说‘油尽灯枯’。你们想一想，一盏灯，是不是代表一个人？所以元宵节，要挂很多很多灯笼。”

“元宵节还有个更重要的元素——汤圆。”熊孩子李大力拍了拍肚皮，“逛了半天，肚子都饿了！”

妈妈笑着提了提手中的购物袋：“走，回家给小馋猫们煮汤圆。”

“元宵，还是一个人呀！”

一家人围坐在温暖的餐厅，每人面前一碗热热的汤圆，色彩斑斓，俏皮可爱。晶莹剔透的外皮包裹着馅料，红色的是甜蜜的

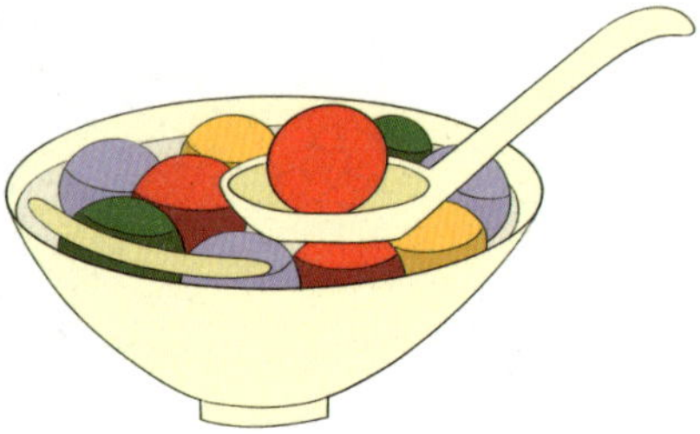

豆沙，绿色的是清新的抹茶，黄色的是香甜的南瓜，紫色的是软糯的紫薯，咬一口，馅料瞬间融化在舌尖，令人垂涎。

三耳秀才埋头吃着，忽地嘀咕道："原来就是福气，缘分来了就幸福。"

熊孩子抬头看着爸爸，问道："爸爸，你在嘀咕什么呀？"

"我说的是这个汤圆的品牌名称'袁来福'，取得还挺有意思的。"

"爸爸，你总是在玩文字游戏。"熊孩子脸上露出不以为然的神情。

"哈哈，"三耳秀才笑了，"文字游戏多好玩。不少文字游戏成了传说，进了正史！"

"怎么还扯到历史上去了？"妈妈也插嘴道。

三耳秀才笑呵呵地解释："到了唐朝，因为要避李世民的'世'字，观世音菩萨成了观音菩萨。这也算是一种文字游戏。这里面有中国人的礼，尊卑有序嘛。连天上的仙人也要让人间的皇帝一头，准确地说，其中的逻辑是：为尊者讳。这不仅在朝廷层面，在民间也是一样的。"

"秀才爸爸，你是不是应该给我们讲点元宵节的故事呀？"小燕子吃着碗里的最后一个汤圆，提出了新要求。

“请问，我们的春节，是谁批准的呀？”三耳秀才不答反问。

熊孩子抢先答道：“我知道，是袁世凯，前几天你讲过他1913年确定了‘春节’这个名称。”

“对的，就是袁世凯。我再讲一个有关他的传说。袁世凯后来不是称帝了吗？1915年12月，他竟然自立为皇帝，改国号为‘中华帝国’。京城里，老百姓不叫吃汤圆，都叫吃‘元宵’。元宵元宵，听起来像消灭姓袁的，这叫法可不是好兆头，于是他下令把元宵改叫汤圆。元宵不叫元宵而叫汤圆，这传说里面的逻辑就是，天下大势滚滚向前，帝制已不可行了。民意就是天意，所以老百姓才编了这个传说。”

透过窗户，不远处的广场依稀可见人头攒动。妈妈说道：“人真多呀！不过，过节就该这样，这样才是过节。”

米来大广场内搭起了不少临时景观，到处是灯笼，反正是一片片火红的样子。一家人东转转西转转，在打转中，三耳秀才又讲起了元宵的故事。他开口的第一句是：“你们知道吗？元宵也是一个人呀，一个美女！”

“故事发生在很久很久

之前吧？”小燕子默契地说道。

“那当然，故事发生在汉武帝时期。汉武帝十分喜欢一个臣子叫东方朔。这位东方朔可有趣了，在我看来，有点像鲁迅笔下的孔乙己，‘孔乙己是这样的使人快活，可是没有他，别人也便这么过’。”

熊孩子似乎受到了启发，说道：“那就是可怜又可笑呗？”

“可怜，可笑，那是表面。本质上，他们不仅是善良的，也是有文化的，有本事哦。当然，东方朔可比孔乙己强多了，他能让皇帝快活，还能帮助一位叫‘元宵’的宫女。”

“所以，元宵也是一个人，可能还是一位美人。”

“有美人就有故事。”妈妈笑着说。

“某年冬天，天寒地冻，东方朔在御花园碰到一位正在哭泣想投井的宫女元宵。元宵的拿手好戏就是做汤圆。她为什么伤心到要投井呢？因为思念家人，但总也回不去，难受得很，所以想不开了，想投井。东方朔劝住元宵，并承诺帮助她见到家人。”

“秀才爸爸，东方朔是如何帮助元宵的？”小燕子好奇起来。

“东方朔的神操作是这样的：第一步，制造恐慌。他在京城长安街上摆摊占卜，每支签上都写有十六个字：‘长安在劫，火焚帝阙，十五天火，焰红宵夜。’也就是说，不管什么人求签，得到的都是：火神得到玉皇大帝之令，要在正月十五火烧长安。”

“那第二步呢？”小燕子和熊孩子几乎同时问道。

“第二步，东方朔给皇帝献计。京城的恐慌传到汉武帝那里，汉武帝问计，东方朔说，我们把京城弄成像起火的样子就行。方法是，正月十五取消宵禁，让老百姓自由点爆竹玩烟火，全城挂满大大小小的灯笼。此外，更重要的是，要让火神吃好。方法是让宫女们多做汤圆献给火神，因为火神好这一口。最重要的是，找出叫‘元宵’的宫女，令她在正月十五的夜晚提着灯笼在长安街上步行为全城百姓祈福，灯笼上还得写上两个大字‘元宵’。”

“结局一定是大团圆，你好我好大家好！”妈妈说道。

“那是自然的。东方朔的妙计一施，京城不仅没有火灾，而且全城欢喜，自然，那位叫元宵的美人也得以和家中的亲人相见了。汉武帝大喜，下了一道圣旨：每年的正月十五都做汤圆供奉火神，全城挂灯笼放烟火。”

听完故事，熊孩子李大力有些不以为然：“跟袁世凯传说‘袁消’一样，也是编造出来的吧？”三耳秀才笑着回应道：“当然，但这样的民间故事，正表达了我们中国人重视团结与亲情的情怀呀！”

“我能传承什么？”

正月十三是“灯头生日”，社区活动中心组织的闹元宵活动热闹进行中。

活动的主办人是吴阿太。首先由她宣布此次活动的主要内容。

第一项是“搓汤圆”。“非常感谢小吃货家庭的大力支持，这里我介绍一下小吃货的爸爸，孙先生可是我们宝山米来大酒店的大厨，今天我们做元宵的所有食材都是他提供的哦。今天大家做汤圆，可得听他的安排和指导。大家欢迎！”在掌声中，小吃货孙湉湉很自豪地看着爸爸，笑了起来。

接下来便是“搓汤圆”比赛。孙爸爸先是做了好几遍搓汤圆的示范，等小朋友们练习得差不多了，再公布搓汤圆的比赛规则。规则就两条。第一条，每个小朋友搓 8 个汤圆，每个汤圆要大小一致。第二条，看谁搓的汤圆最圆，这就得靠小吃货爸爸的眼光来评判了。

熊孩子李大力最终拿到了“搓汤圆”比赛的冠军。接着开始煮汤圆、吃汤圆，大家好不开心！

汤圆吃好了，吴阿太站起身来，宣布第二项大内容：猜灯谜。“今天，我们非常荣幸邀请了小胖墩钱壮壮的爸爸钱先生。他可是我们《宝山晚报》的编辑。请他先给我们介绍一下灯谜的知识，再给我们多多出灯谜。猜中有奖哦！”

在大家的密切关注下，钱大山站了起来，介绍了灯谜的基本知识后，他说道：“猜灯谜，其实就是测智商。我们不仅要智商高，还得‘不走寻常路’，动脑筋猜灯谜，还得动“歪脑筋”，才能猜得出来呀。举一个例子，‘千言万语’，打一个字，是什么？”

顿了一下，钱大山接着说：“‘千言万语’写下来，一定是好多好多句子呀。好多好多句子是什么字？左边一个‘句’字，右边一个‘多’，是什么字？”

“够！”——大家齐声说道。

就这样，灯谜游戏热闹开场。在钱大山老师的引导和不断提示下，大家猜出的灯谜有：

“大禹建王朝”，打一个节气名——立夏

“月涌大江流”，打一个城市名称——银川

“生前山上吃草，死后竹里藏身。渴了石上喝水，说话有人知音”，打一个器物——毛笔

“一加一不等于二”，打一个汉字——“王”

…………

汤圆做了也吃了，灯谜猜了，奖品也拿了不少，每个人都喜滋滋的。吴阿太又站起身来，开口说道：“在过去，父母一定会为小孩子做一个灯笼。我们小时候都享受了这样的待遇。现在呢，小朋友呀，你们这一代，动手的机会不多，所以，你们一定要为自己做一个灯笼，为自己的童年留下一个光明的点。下面，我们用最热烈的掌声欢迎王师傅来指导我们做灯笼好不好？同时，也要感谢钱大山先生，是他为我们专门请来了这位非遗传承人。”

“自己动手，丰衣足食。自己动手，灯火辉煌。”王师傅为灯

笼制作活动开场。接下来，小朋友的喧闹、忙乱以及欢笑声充满了社区活动室。

在王师傅的指导下，小燕子做的是燕子灯，小胖墩做的是西瓜灯，小吃货做的是兔子灯，熊孩子做的是走马灯，而王师傅则为大家做了一个精致的小龙灯。不一会儿，一排灯笼摆放在米发米发社区活动中心的大门前，五彩缤纷的。

可惜这天，秀才爸爸因为工作原因没能参加活动。小燕子和熊孩子姐弟俩玩得高高兴兴，很晚才回到家中。

熊孩子先进家门，脑袋一歪，想到一个严肃的问题，问道："秀才爸爸，节日文化要一代代传承。我总有点疑惑，我们这一代怎么传承呢？我只是一个小学生，我能传承什么呀？"

"哈哈，"三耳秀才笑了，"你们参加这活动那活动，就是传承呀。就算不参加活动，你们上街，在街上形成闹元宵的车水马龙里的一分子，也算传承！"

"啊，这也算传承？"小燕子做了一个鬼脸，露出不解的样子。

"当然，当然！一滴水落到江河里，便是江水，便是河水，往前奔腾，大江大河的气势不就有了吗？单独看我们每一个个体，都是渺小的，掉到人堆里就看不见了。可是，当我们掉到人堆里，我们就是'川流不息'。如此一来，就是团结，劲往一处使，大家往一个方向走，就是大江大河，就是伟大的时代。"三耳秀才声音洪亮，"所以，我们每一个中国人，都是节日文化的传承人！"

上街呀，大家来闹才热闹！

“上街呀，大家来闹才热闹。”

正月十五这天，三耳秀才一家也出门去闹腾。事先，三耳秀才还制订了“一动一静”计划，也就是上午主“静”：逛书店看画展；下午开始“动”：踩街扎堆闹元宵。

小吃货听到“动静”，也跑来参加。

三耳秀才一家人，还有小吃货，先逛了“三字经书店”。三耳秀才是个书痴，又看中了好几本民俗方面的书。

小燕子问：“秀才爸爸，我发现过节都要‘闹热’，为什么元宵节更‘闹热’？”

“表扬！你用了一个江南词汇，‘闹热’。其实，‘闹热’就是热闹。不过把热闹说成‘闹热’，再加上‘交关’，‘交关闹热’，语言的美就更加妙不可言了。”

“秀才爸爸，你直接回答我的问题吧！”

“我们传统节日的日子，传说中一开始都是不好的日子，或者说，这些日子里常会出现不好的东西，比如说妖魔啊，比如说不好的运道啊。面对现实，怎么办？我们何以处之？闹！闹腾起来呗！把身体内的能量发挥出来，把生命力张扬出来。用现代的话来说，就是弘扬正能量，这样，正气飞扬，邪就不可能压倒正。就这样一闹，这些不好的日子变成了节日，变成了吉日良辰。”

“那么，元宵节为什么更加热闹呢？”小吃货也追问起来。

“人都有社交的需求。中国古代是农耕文明，晚上又有宵禁，人们社交的机会不多。所以，古人就找到一年之中的第一个月圆之夜，来创造一个大大的派对。特别是对活泼的青年人来说，意义很深。所以，元宵节有‘走百病’的习俗。说的是东走西走不会生病，其实是给大家创造碰面的机会。”

“有点像外国的狂欢节吧？”小吃货问道。

“大差不差。不过，我们还有诗意飞扬。跟元宵有关的诗，还记得不？”

小燕子抢着说：“我知道我知道。欧阳修有一首很美的诗。”

生查子·元夕

［宋］欧阳修

去年元夜时，花市灯如昼。
月上柳梢头，人约黄昏后。
今年元夜时，月与灯依旧。
不见去年人，泪湿春衫袖。

“看来，大文人欧阳修也‘走百病’了。”妈妈跟着说了一句。

“秀才叔叔，再给我们讲讲其他的吧。”小吃货谦虚道。

“有一个大学者，叫王国维。他提出人生有三重境界。第一重是‘昨夜西风凋碧树，独上高楼，望尽天涯路’。第二重是‘衣带渐宽终不悔，为伊消得人憔悴’。第三重是‘众里寻他千百度，蓦然回首，那人却在灯火阑珊处’，写的像不像元宵节的灯市呀！”讲完，三耳秀才又加了一句，“你们回家后查一查，三重境界用的诗词作者是谁，每首诗的内容和含义是什么，写作文时用得上哦！”

逛完“三字经书店”，买好书，一行人来到鼓楼。

很多历史文化名城都会有一座鼓楼，宝山市也不例外。宝山市的鼓楼下面就是一条长长的老街，老街的中间还有一座古戏台，不少“闹热”的活动就在这里举行。

来到鼓楼，楼上的展厅里正在举办迎春民俗画展。众人正观看画作，气氛安静，呼吸可闻，和街上拥挤的人流形成了鲜明的对比。小燕子、小吃货和熊孩子一进门，闹热的心也随之安静了不少。

在一幅“天官赐福”为题材的画作前，小吃货好奇地问：“天官是谁？天官赐福，我们如何接福呀？”

“天官，就是紫微大帝，是古代一位贤明的帝王——尧。”

“帝王是人，怎么成了天官？”小吃货问道。

“这和唐朝重视道教有关。”三耳秀才解释说，“中国有道教。唐朝时，道教还成了国教。道教里有‘三元’的说法，分别是上元、中元和下元。上元便是正月十五，中元是七月半，下元是十月十五。和这‘三元’对应的，分别是天官大帝、地官大帝和水官大帝，他们的分工是：天官赐福，地官赦罪，水官解厄。道教和帝王要结合才更有影响力。因此，这三个天官分别是尧、舜和大禹。”

“天官赐福，我们如何抢到福呢？”熊孩子李大力问道。

“很简单，只要过个热闹的元宵节，就能接到天官赐的福哦！”

安安静静看完画展，一出鼓楼，街上人头攒动。三耳秀才叹道：“人从众，好不热闹！”

“大家不要走散啦。如果走散了，我们两小时后在鼓楼大门右边等。大家听见没有？”妈妈操心地吩咐。谁知，熊孩子来了一句：“妈妈，如果你和爸爸走散了，不要怕，你们可以‘破镜重圆’啦！”

“这孩子乱用成语！不过，‘破镜重圆’还真是元宵节发生的故事。”三耳秀才表扬了一句。

闹元宵的重点在晚上，非遗表演活动是从晚上 7 点开始的。队伍里有踩高跷的，有舞龙的，有抬阁的，还有旋转走马灯……随着锣鼓咚咚响，人流跟着表演队形成了浪潮，三耳秀才一行也随波逐流。

突然，熊孩子拉了拉姐姐小燕子的手，大叫道：“快看快看！”

“看什么？”

“小胖墩！”

“在哪里？”

“坐在高高的阁台上，左边的那个，就是！”

这一叫，小燕子和小吃货也看到了。原来，小胖墩钱壮壮跟着学校社团参加了踩街表演队，成了“明星”演员，坐在高阁上，穿着五彩缤纷的戏装，一副骄傲和自豪的样子。听到有人叫他的名字，他低下头看到熊孩子他们，冲他们眨了眨眼。

三耳秀才一家上街“闹热”，玩到晚上十一点才往家里赶。

进了家门，三耳秀才还在小声哼着歌曲《执着》：“我想超越这平凡的生活，注定现在暂时漂泊，无法停止我内心的狂热，对未来的执着……”

“怎么哼起这首老歌来了呀？”燕子妈妈问道。

“我觉得，元宵节的闹，就是瞬间超越了平凡的生活！”

趣味小拓展

“昨天买的，今天就到了！”燕子妈妈打开门，兴奋地拿进快递，笑着说道：“现在的快递，真是快——递！”

坐在客厅喝茶的三耳秀才，听了妻子的“快——递”，灵机一动，立刻对大家说道：“好了好了，过元宵闹元宵，我出一个灯谜，大家来猜猜！”

“又让我烧脑了！”熊孩子李大力带着兴奋“抱怨”道。

“哪吒送快递，打一个成语。”三耳秀才神秘兮兮地问。

“哪吒送快递，踩风火轮送的吧？”小燕子好奇地问。

“那是自然的呀！”熊孩子插嘴道。

“踩着风火轮，跑得又快。会是什么呢？”三耳秀才引导道。

“我知道了！风风火火，对不对？”熊孩子兴奋地叫了起来。

“对！”三耳秀才高兴地点头。

“这样呀，我也来一个！”燕子妈妈接过话茬，“哪吒不闹海，武松不过岗。也是一个成语。”

“生龙活虎！”三耳秀才思考片刻后回答，“哪吒不闹海，龙王三太子就活得好好的；武松不过岗，山里的老虎就能安然无恙。”

燕子妈妈却不太高兴了："我没有让你猜，是让两个孩子猜！"

"哎呀，我错了我错了，那我再出一个谜，来弥补一下！哪吒生气发火，打一个习惯用语。"

这下可把小燕子和熊孩子姐弟俩难住了。在妈妈提示关键词"脾气"后，小燕子突然灵光一闪，兴奋地喊出："原来是——耍小孩子脾气！"

"呵呵，耍小孩子脾气，这可不是你们大人们干的事吗？"熊孩子大笑着调侃。

清明
节

清明节：心胸宽广，悲欣交集

上巳节，好不风雅！

四月的绍兴，春意盎然。三耳秀才带着小燕子和熊孩子姐弟俩，参加了一个少年旅游团。绍兴的游览项目丰富多彩，既有鲁迅的三味书屋，也有兰亭。

兰亭是一个新建的景点，虽然是仿建，却别有一番风味。池塘边，青青的小草点缀着春天的气息，水中游弋着金鱼，还有悠闲的大鹅。亭子中央矗立着一块碑石，上面赫然写着一个大大的“鹅”字，出自王羲之之手。

团队导游是个很有趣的圆脸女孩，举着小旗，边走边向少年团抛出问题：“我们都知道孔圣人带有七十二位贤弟子，有谁知道为什么是七十二位？”

这个问题显然让大家百思不解，熊孩子拉一拉三耳秀才的袖子：“秀才爸爸，你知道吗？”

三耳秀才无奈摇头，目光转向导游，等待导游来揭晓谜底。

不一会儿，见大家一脸困惑，导游笑眯眯地说：“《论语》里有这样一段话，答案就在其中：‘暮春者，春服既成，冠者五六人，童子六七人，浴乎沂，风乎舞雩，咏而归’。”少年团还是一片迷茫，导游继续提示：“用乘法，冠者五六人，五六三十，童子六七人，六七四十二，加起来是多少啊？”

“72！”少年团被这个幽默的梗逗得哈哈大笑，气氛热烈。

少年团往前走，下一个景点是兰亭书法馆。那位导游边走边背诵《兰亭集序》：“永和九年，岁在癸丑，暮春之初，会于会稽山阴之兰亭……”小燕子牵着爸爸的手，问道：“导游说的‘暮春’，就是现在这个时候吧？”

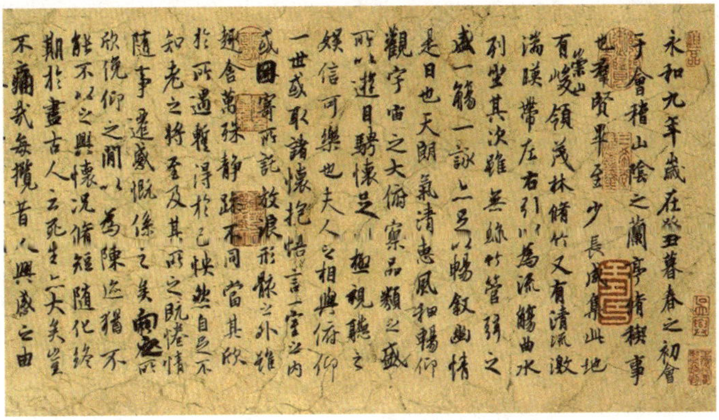

“对的。现在阳历四月就是暮春了。过去，用的是阴历，是阴历三月。王羲之《兰亭集序》上说的‘暮春之初’就是这个时间。古代，在这个时候，还有一个节日，上巳节！”

“是‘上面’的‘上’，‘思考’的‘思’吗？什么意思？”

“‘上’是‘上面’的‘上’，‘巳’和‘已经’的‘已’很像。”

“有好几次，我把‘自己’的‘己’写成‘已经’的‘已’。”熊孩子插嘴道。

“教给你们一句口诀：‘全封巳，半封已，一点不封是自己。’”

“全封巳，半封已，一点不封是自己。”小燕子和熊孩子跟着齐声念了一遍。

稍作停顿，小燕子又问：“爸爸，那么‘巳’是什么意思？”

“在一天之内，巳时指的是上午 9 点至 11 点。古代的十二时辰依次为：子丑寅卯，辰巳午未，申酉戌亥。巳时在午时之前，午时是 11 点到下午 1 点……”

“秀才爸爸，上巳节，不是指一天吗？”熊孩子插嘴问道。

“有巳时，也是巳日。上巳节就是巳日。天干和地支配合，可以计时 60 天，这 60 天为一个循环，这个循环中有 5 个巳日。上巳，就是阴历三月的第一个巳日。也就是如今的人间四月天了。”

前面快到兰亭书法馆了，熊孩子问了另一个问题：“上巳节是一个在三月的节日，我还听说过‘三月三’，这是怎么回事？”

“其实就是一回事。一开始人们过节，找的是巳日，后来，慢慢地就把上巳节确定在‘三月三’了。”

小燕子机灵地说道：“一月一是大年初一，二月二是龙抬头，还是土地神的生日，三月三是上巳。”

她掰着手指头：“我还知道，五月五是端午。”

“对喽！所以我说，所有的节气是跟着太阳走的，而所有的节日、传统节日主要是根据月亮来确定的。”

“那么，我们现在还过上巳节吗？”小燕子又问道。

“其实我们过的清明节就包括上巳节。在历史发展中，上巳节、寒食节，都被清明节‘吞并’了。虽然‘吞并’了，但这两个节日的内容仍保持着、发展着。”

说着说着，大家都走进了兰亭书法馆。进了大门，右边墙上有一面醒目的序言，三耳秀才站在译文前驻足观望，嘴角动了一下，低声说道：“这个序言，要是我来写……”

在回宝山市的车上，三耳秀才拿出一个本子，开始写作。小燕子趴在爸爸的大腿上，问道：“爸爸，你也写游记呀？”

“不是的，是序言。”

“什么序言？”

“手痒了，替兰亭书法馆写一个序言。”

“人家又没请你写。”

“有灵感就写呗！不然，浪费了这份感觉。”

“什么感觉？”

“风雅。上巳节，古人好不风雅！”

这时，熊孩子也凑了过来，看到三耳秀才在本子上写的标题是《永远的兰亭，永远的风雅颂》，说道：“姐姐，你来念念？”

“兰亭，仅仅是一个兰亭吗？历史上，谁修的这亭，谁取的这名，实不可考。我们相信，这亭、这亭子的名，是奔着风雅而来。

永和九年，仅仅是历史上的一个年份吗？因为一群人的闹热，又吃酒，又写诗，又闹着印制发行，于是，后代多少人在临写‘永和九年’？又，多少人在追念着这群文人的风雅？！

《兰亭集序》，仅仅是一本集子的序言吗？说的是文人小集团雅集的情形，说的也是人生匆匆、无限惆怅的无奈，说的更是认清人生有限之后所抒发的无限风雅之思。”

熊孩子接着低声念道：“曲水流觞。那次雅集的水，早已流走，杳无踪迹；那次雅集上的酒气，早已消散在历史的天空里，甚至，《兰亭集》以及《兰亭集序》真迹也难以确证。但是，‘永和九年’和那次雅集所创造出来的风雅，却从此——永远！所以，兰亭是永远的兰亭，风雅，是永恒的风雅。风雅，不断被传承着、被传颂着。”

最后一段很短，姐弟俩一起念了起来：

“奔着风雅而来，于是，某年某月，有了这个兰亭书法馆。机缘巧了，于是，此时此刻，你，也奔来了！”

小燕子笑了，表扬道：“爸爸，向你学习，向风雅致敬！”

三耳秀才认真地说道：“我给你们讲，中国的传统节日，不管如何俗，如何闹，骨子里一定有两个字：风雅。”

寒食节，我们吃什么喝什么？

小吃货孙湉湉的妈妈是宝山市登山协会的副会长。

见窗外春光无限，她念叨：“不到山中，怎知春色如许！”

孙爸爸马上说：“我们带着孩子，周末爬山去？”

爬东宝山的想法自小吃货口中传出，几个孩子纷纷表示想去。

孙爸爸是酒店大厨，所以，爬山的后勤保障由他全权来操办了。

大家没想到的是，孙爸爸还带了一个大的保温瓶和几个空的水杯。他为大家倒水，大家都有些惊讶，小吃货问：“爸爸，这是什么呀，有一点点苦涩？”

“嘿嘿！”孙爸爸笑了，“你们绝对不知道。这是柳叶水。”

“什么，柳叶水？”熊孩子疑惑地又喝了一小口。

“也可以叫柳叶茶。做法其实很简单，把嫩嫩的柳叶摘下来，再焯个水，用开水泡，或者煮一煮，就成了柳叶茶。有没有喝出春天的味道？！”

“有什么功效吗，爸爸？”小吃货问道。

"清热解毒，还能预防高血压，最重要的是能解渴！"大家都笑了。

竹杖芒鞋轻胜马，大家终于到达了山顶。登高远眺，辽阔山海一览无余。

稍微休息后，到了午饭时间，孙爸爸找到一个平坦的地方，铺上餐垫，一一摆放吃的东西。边摆边说道："山上不能有明火，所以带的食物都是冷的，大家将就着吃啊！"

"爸爸，所以今天过寒食节吗？"小吃货问道。

"嘿嘿，我还真没想到这一层。"孙爸爸说道。

孙妈妈热情招呼起来："大家都饿了吧？来，吃起来。"说着把青团递给几个孩子，又问："说到寒食节，你们知道寒食节的来历和内容吗？"

"阿姨，这可难不住我。"小燕子自信地回答，"我们学校正在搞'节日小达人'活动，正好我在准备清明节和寒食节的有关内容。"

"那你给我们说说，看你能不能说点新东西出来。"

"阿姨放心，节日内容我跟我爸爸商量过，一定会让你意外的。"小燕子开始讲解，"唐代以前，清明节是清明节，寒食节是寒食节，或者说清明还没有成为节日。寒食节的起源很早，至少可以追溯到先秦，最重要的因素是火，也可以称之为火崇拜。古人认为火有灵魂，需要祭祀火。因此，每年要熄火一次，再重新

点燃新火，这叫改火。改火逐渐演变成禁火节，最终形成寒食节。说寒食是为了纪念春秋时晋国的介子推，那是后来的事了。”

“唐朝以前是这样。唐朝以后呢？”孙妈妈问道。

“到了唐代，清明节一开始还是在寒食节里面。可以说，清明节是寒食节的一部分，并没有独立成为节日。随着时代的发展演化，后来清明节和寒食节就成了一个节日。在这个过程中，上巳节也逐渐融入清明节里。”

“不错不错，很详细。你这些是和你爸爸一起查资料的吗？”孙妈妈笑道。

“是的是的。爸爸说，节气都是根据太阳的位置来确定的。到清朝，节气时间的确定用的是定气法，就是根据黄经度数来，这个方法一直用到现在。爸爸还说，我们过的传统节日，除了清明节，没有一个是根据太阳的位置，也就是根据定气法来确定的。”

“那清明是多少度？”

“清明是黄经 15° 。爸爸说，可能是因为清明这个词本身太好了，后来人们将这个时间的节日名称都放在‘清明’里面。所以，上巳节和寒食节都融入清明节中。因此，现在我们提到的就是清明节，很少有人会提到上巳节和寒食节。”

“还没吃，就讲了这么多。好好吃饭啦！”作为大厨的孙爸爸笑着提醒大家。

“这是什么菜？”小吃货妈妈吃了一口盘中的凉拌菜，问道。

“嘿嘿，又让你们意外了吧！”孙爸爸坏笑着说道，“你们肯定想不到，嫩柳叶还可以做成一道菜！”

“吃青团，吃柳叶凉拌菜，这次爬山，真是不一般。”孩子们都满足地咂巴着嘴。

就这样，在东宝山，孩子们度过了一个现代版的寒食节。

清明节，心胸宽广，悲欣交集

圆脸主持人是宝山市“小行星”少儿电台的主持人。清明时节，他兴致勃勃地邀请了三耳秀才参加晚上八点的直播节目，主题就是“清明”。小燕子也忍不住跟来了，心里满是期待。

直播开场，圆脸主持人热情洋溢地介绍完嘉宾三耳秀才后，立刻抛出问题：“秀才老师，前几天你在天行书友会讲清明，我听说你讲得可棒了！今天在我们‘小行星’电台，能不能给小听众们分享一下你对清明的理解呢？”

“当然可以，没问题！”三耳秀才笑着回应，随即抛出一个有趣的问题：“清明节既是节气又是节日，咱们中国人对此可不陌生。但是你们知道‘真清明’‘清明泪’和‘讨清明’吗？”

“哎呀，秀才老师，这些还真没听说过！快给我们的小听众们讲讲吧，他们一定会很感兴趣的！”

“‘真清明’其实很简单，就是阴历三月三，恰好在清明节这一天。这也说明了三月三和清明节的演变历史哦！至于‘清明泪’，那是用面粉做的小面团，颜色各异，特别可爱！小面团就像眼泪一样，到了清明节，自然就成了‘清明泪’啦！”

“哇，听起来真有趣！那‘讨清明’又是什么呢？”

三耳秀才微笑着解释：“这个稍微复杂一点。在江南的一些地方，‘清明’不仅指节气、节日，还有‘头脑灵活’的意思。聪明才智就叫清明。所以，做父母的总希望孩子聪明伶俐，怎么办呢？在清明时节，他们会向邻居家讨要青团等美食，这可是一种习俗，就叫作‘讨清明’！”

圆脸主持人忍不住笑了：“哈哈，我也想“讨清明”，秀才老师，你今天给我带青团了吗？”

随着节目的进行，三耳秀才又讲述了弘一法师的绝笔“悲欣交集”，以及清明节中国人如何将“悲”和“欣”这两种看似矛盾的情感完美交融。

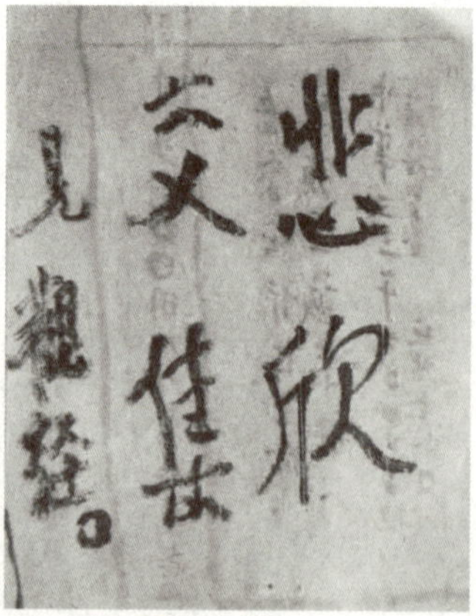

提到弘一法师，圆脸主持人眼睛一亮：“我记得他写过一首歌，叫《送别》，特别有名！”

三耳秀才点头："没错！我还想让我的女儿小燕子给小听众们清唱一下呢！"

不久后，清脆的童声响起，唱出了童声版的《送别》：

长亭外，古道边，芳草碧连天。
晚风拂柳笛声残，夕阳山外山。
天之涯，地之角，知交半零落。
一壶浊酒尽余欢，今宵别梦寒。
长亭外，古道边，芳草碧连天。
问君此去几时来，来时莫徘徊。
天之涯，地之角，知交半零落。
人生难得是欢聚，惟有别离多。

直播节目结束后，回家的路上，小燕子对爸爸说："悲、欣两种情感，一个欢天喜地，一个寻寻觅觅、冷冷清清，怎么能融在一起呢？真是有趣！但我还是弄不明白！"

"哈哈，小燕子，你用上了李清照的词了！不过你知道吗，连皇帝也理解不了呢。"父女俩边走边聊，热火朝天。

三耳秀才继续说道："清明节是在唐朝时形成的。那时候，人们在一天之内又高兴又悲伤，这可怎么办呢？于是，有人认真提出来：悲伤思念故人，转瞬之间又高兴，这可不合礼仪。所以，唐朝的两个皇帝下旨禁止人们乱高兴。结果呢，禁不了！人们都得从众从俗，包括皇帝。说白了，清明节，春暖花开，人们自然会兴奋起来。就这样，清明节承载了中国人的两种情感。”

夜幕降临，走在路上，三耳秀才轻声感叹：“可惜，今年不能回老家河南新县给你爷爷奶奶上坟了。”

“爸爸，我还记得你说过的家国情怀，‘小家是小根，家族是大根，国家是主根’。还有，你说过，心到神知，这份思念和愧疚，不也是在寄托对爷爷奶奶的思念吗？”

回到家已是夜深，但三耳秀才回到书房时，心中思绪仍在翻腾，灵感如泉涌。他坐下来，拿起笔，写下了《悲欣交集是清明》。正文中有这样一段：“在我看来，时间自有魔力。在时光的磨砺中，中国人的心胸越来越宽广了。也可以说，我们中国人越来越聪明了！在极短的时间内，悲欣交集，可以接受尖锐对立的两种情感。这就是，心胸宽广，悲欣交集。如果要深究一下，其中也隐藏着我们中国人独特的生死观。如今，我们中国人在清明节处理这两种情感，已经游刃有余了！”

趣味小拓展

大夏小学组织春游，妈妈费了一番巧手功夫，把赵小燕打扮成一朵俏丽的春花——穿上新的汉服，头上左右各绾了一个精致的发髻，垂下两绺装饰的飘带，走起路来，像一朵彩云在飘。

晚上，“小彩云”飘回来了。妈妈一看，有些气恼，对小燕子说：“头上插的是什么呀？”

小燕子头上的中国风飘带，被代以粗糙的杨柳枝，准确地说，是杨柳嫩条绕成的花环。看到妈妈有些生气，小燕子有点胆怯，细声说道：“是柳条。同学们都弄了，小吃货孙湉湉也弄了。”

“哈哈”，三耳秀才听到动静，从书房出来，一见小燕子头上有柳圈，笑了，说道：“清明时节，头戴柳圈，这才是享受踏青呀！”

听了三耳秀才的话，妻子怼了过来：“你看看，这样好看吗？”

“哈哈”，三耳秀才继续笑，“不仅好看，而且还是传统习俗，还有诗意。”

“怎么讲？”小燕子的好奇心也升起来了。

“书上记载，‘唐中宗三月三，赐侍臣细柳圈，戴之可免虿毒’。赠送柳圈，这可是古代官方的节日福利，而且可以祛毒，是有利健康的哟！在杭州，还有这样一首诗，我念给你们听。”三耳秀才说着便念道，“新火才从竹屋分，绿烟吹作雨纷纷。柳枝最是无情物，也逐春风上鬓云。”

“上头，柳圈上头，这么神奇吗？”妈妈问道。

“还有更神奇的哟！柳圈，不仅可以美发，还可以美容！”

“此话怎讲？”妈妈马上来了兴趣。

“‘清明不戴柳，红颜成皓首。’你没有听过这句民谚吗？”三耳秀才开起了玩笑，“所以，今年不戴柳，明年成皓首。”

“小燕子，快把你的柳圈给妈妈戴戴。”妈妈笑着把手伸向了小燕子的脑袋。

端午节

端午节：热起来，我就燃起来

屈原祠来的问候

五月初五，三耳秀才带着儿子李大力在秭归县的屈原祠凭吊。手机响起，视频电话里，女儿赵小燕调皮地说：“秀才爸爸，你出门讲学为什么只带儿子不带女儿呀？重男轻女可不是好爸爸哦！”

三耳秀才笑着回应：“你不是有节目吗？端午活动你得上台表演，是你自己走不了，怎么赖爸爸不带你呢？”

“后悔了吧？！”李大力对着视频也做起了鬼脸，“姐姐，屈原的雕像很高大，我拍了个小视频，让爸爸发给你。屈原的宽衣博带，飘飘然。这样的衣服，我们要是穿上了，走起路来肯定特别拉风。”

赵小燕毫不示弱：“老弟呀，你想多了，怎么会让你穿那么宽大的衣服呢？你又不是诗人，也不是楚国的贵族或大官！”

还没等李大力反击，赵小燕又把矛头转向了爸爸：“秀才爸爸，你敢在屈原故里讲屈原，鲁班面前抡斧头，关公面前耍大刀……”

“关公面前耍大刀，我哪敢。爸爸只是应秭归的文友周老师之邀，给学校的初中生讲讲屈原和端午。”

赵小燕打断道：“对了爸爸，你也给我们讲讲端午吧！”

“好呀！我也正有此意。我们约好今天晚上 7 点 40 分，也算你们‘少年营’的端午体验活动吧。”

李大力望着爸爸，问：“我一直好奇，屈原又是贵族又是大官，这么厉害了，他为什么还要投江？”

“‘生命诚可贵，爱情价更高。若为自由故，二者皆可抛。’这首诗你知道吗？匈牙利诗人裴多菲的诗，早在 100 年前，中国诗人殷夫就把这首诗翻译到中国来了，流传很广。很明显，在奔腾的历史长河中，古今中外，都有舍生取义、杀身成仁的大英雄。”

“‘舍生取义’‘杀身成仁’。爸爸，你用了两个成语。”

秀才家里的端午聚会

五月初五，傍晚，小胖墩钱壮壮一家三口、小吃货孙湉湉一家三口来到三耳秀才的家，小燕子和妈妈热情迎接他们。

“燕子妈，给你们带了艾草。”壮壮妈边说，边把艾草挂在了门框上。小燕子惊喜地叫起来：“好漂亮哟，这可是新晋网红商品，新中式艾草门挂。有香囊，还有一个小葫芦。好好看呀！”

“我们带来了一道菜，有点小特别哟。”湉湉爸进门时说道，湉湉妈妈把手中的餐盒递给燕子妈。显然，里面装的是他们家做的“小特别”。

“你可是米发大酒店的大厨，你自己说有点小特别，那一定是大特别了。我们好期待。”燕子妈笑着说道。

小燕子妈妈准备了许多粽子，正在锅里煮着。这一锅粽子是江南典型的糯米粽，一顿一两个就能吃饱。

端午聚会，餐桌上摆满了各种美食。不过，让小朋友最感兴趣的还是湉湉爸孙大厨带来的菜。

湉湉爸不疾不徐地把餐盒里的食物一一摆入一只精致的盘子里，大家一看，惊呆了——竟是用面粉做的“五毒”：壁虎、蟾蜍、蛇、蝎子、蜈蚣，个个生动可爱。此外，盘子的边上，还有一节带荷叶的藕，以及两只点着红点的柿子。湉湉得意地说：“这就是我爸爸新研制的面食，菜名叫作：五毒有藕（谐音‘无独有偶’），好柿成双。”

大家听了，纷纷竖起大拇指，燕子妈笑着说：“来来，大家一起把‘五毒’分吃了，这样一来，端午必定安康。”

转眼间，“五毒”被大家瓜分了。在欢乐声中，大家的筷子伸向了“五黄六白”。——原来，大家来过端午，除了粽子，燕子妈还精心准备了“五黄六白”时令菜。

小朋友们好奇了：“‘五毒’已经知道了，‘五黄六白’又是什么？”

“五黄”一般有黄鳝、黄鱼、黄瓜、雄黄酒、咸蛋黄。如果缺一黄，可以找其他来代替，比如黄豆、黄蛤、黄梅、枇杷。

“六白”是白切肉、小白菜、豆腐、茭白、白斩鸡和白条鱼。当然啦，缺一白，也可用白酒、小白虾、白萝卜、白蒜头等来代替。

在江南，人们认为：吃五黄可以驱邪解毒，保佑身体健康；吃六白可以清热降火。

就这样，大家热热闹闹瓜分了“五毒”，啃着粽子，吃着“五黄六白”，时间不知不觉滑到了 7 点 40 分。这可是三耳秀才和大家约定的时间。

秭归的三个端午

时间一到，身在秭归的三耳秀才打来视频电话：“端午安康。欢迎小胖墩和小吃货家庭到我家来哟。”三耳秀才又介绍起他身边的朋友，“来的都是客。你们到我家来做客，我在秭归的周老师家做客。周老师，有请你先给我们‘少年营’说说秭归吧！”

“大家好。我是秭归县的老周。秀才先生到我家来，我们很

高兴。欢迎大家有时间也到屈原的故里来。”

略停一下，周老师继续说道：“端午，大家都吃粽子，但是，秭归的粽子有点特别。最传统的是糯米中放上一颗红枣，这叫红心粽。这样的粽子可是有讲究的，还有对应的唱词。唱出的词是‘有棱有角，有心有肝。一身洁白，半世熬煎’。粽子呈锥形，这便是有棱有角了，一颗红枣便是它的心肝，糯米洁白，下水熬煎，象征着屈原的性格与人生。”

“我们这里也有红枣粽子。也可以纪念屈原哟！”——剥着粽子，小胖墩低声在旁边插了一句。

“当然。端午粽子，咸的、甜的、长的、方的，不管什么样，都是纪念屈大夫的。我还知道，江南也有龙舟。不过，我们秭归有三个端午，我们的端午还有招魂曲。”

“什么，有三个端午？”“招魂是什么呀？”——手机这头的三个小学生纷纷问了起来。

周老师接着说：“三个端午，分别指的是头端午、大端午和末端午。头端午也叫小端午，是农历五月初五，就是今天。大端午是五月十五，末端午是五月二十五。五月里带‘五’的日子，都是端午。大家猜一猜，招魂是在哪个端午？”

三个小学生叽叽喳喳，说法不一。周老师笑了笑，又说道：“一般安排在大端午。我们秭归县的县名，也可以解释成一种鸟的名字，子规鸟，叫声很悲戚。我个人认为，‘秭归’也可以解释成诸子百家的‘子’，归去来兮的‘归’。‘子归子归’，是屈原的妹妹在叫着哥哥回来，所以招魂也就是屈原的妹妹在招屈原的魂。”

“又是地名，又是鸟的名字，又是鸟的叫声。看到没有，这就是我爱说的，谐音是中国汉字的一个有趣的传统。”这时，三耳秀才插了一句话，“大家想不想听周老师楚国方言的韵味？”

期待的掌声响过，手机里传来周老师用秭归方言唱的招魂曲：

我哥哟，回哟嗬，
听我说哟，嘿嗬哟！
天不可上啊，上有黑云万里，
地不可下啊，下有九关八极。
……惟愿我大夫，快快回故里，
衣食勿须问，楚国好天地。
…………

被招魂曲带进了忧伤，“东船西坊悄无言”。过了一会儿，周老师接着说：“欢迎大家有机会来秭归，这里还是四大美人之一王昭君的故乡哟。”

端午的“午”，有点特别

秀才接着说道：“周老师是研究屈原的专家，写过不少有关屈原的书和文章。回去给你们都看一看。刚才周老师说到招魂，你们有点陌生吧？顺着周老师讲的招魂，我也说一点招魂。”

“我小的时候，在新县乡村，如果哪家小孩子生病了，大人会认为是家里死去的人和小孩说过话，死人说话，会把小孩吓着，于是，大人会走到外面，拿着一点物品，比如大米，边抛撒边和死去的人讲道理，叫他不要和孩子说话。这一番操作后，大人会再叫着小孩的名字，哼着‘不要怕，回来哟’。这就是民间的招魂！”

“端午端午”，三耳秀才的话题回到端午，“我先给大家讲讲端午的‘午’字吧！”

“‘午’字有什么好讲的？”熊孩子李大力在爸爸身边嘀咕。小胖墩在这头说：“秀才老师一开始就说‘午’字，那一定是有道理的。说不定是最关键的点哟！”

“到底是班长，思考的角度就是不一样。”三耳秀才笑着说，“端午的‘午’，是午时没错，也可以指五月，还可以指五日哟。”

随后，秀才给孩子们科普了中国古代的计年法：“我们现在说公元多少年，比如公元 2025 年，这样的说法叫公元纪年。在古代，我们中国人用的不是这个，而是天干加地支来纪年。十二地支分别是，子（zǐ）、丑（chǒu）、寅（yín）、卯（mǎo）、辰（chén）、巳（sì）、午（wǔ）、未（wèi）、申（shēn）、酉（yǒu）、戌（xū）、亥（hài）。”

讲完十二地支，秀才问道：“你们说一说，你们分别是什么生肖？”

“我属龙。”

“我属蛇。”

三耳秀才接着说：“两个小仙女属龙，两个小帅哥属蛇。属蛇的，民间也叫小龙。所以，你们就是四条小龙。刚才我讲的十二地支，可是和十二生肖对应着的哟。十二地支配生肖，于是我们有，子鼠，丑牛，寅虎，卯兔，辰龙，巳蛇，午马，未羊，申猴，酉鸡，戌狗，亥猪。”

“秀才爸爸，你是不是扯得有点远？这和端午的‘午’有什么关系？”熊孩子又唱了一句反调。

“我们一年十二个月，也和十二地支相对应的。”

“那么，第一个月就是子月了？子丑寅卯辰巳午未。”小胖墩追问。

“让我们追溯到中国最早的三个朝代。商为子，第一个月规定为子月，这就叫作正月建子。周朝，是正月建丑。而夏朝，是正月建寅。我们现在仍在使用的阴历，就是夏历，那么正月建在——”

“正月建寅。”四个孩子齐声说了起来。

“是的。正月建寅。如此一来，子丑寅卯辰巳午未申酉戌亥，我们的正月从寅开始，寅卯辰巳午，到午，是第几个月？”

“第五。”孩子们又齐声说了起来。

“对了。所以，端午的午指的就是阴历五月了。所以，我们完全可以说，端午的午，是五月，五日，午时。”

讲完了“午”，接下来，三耳秀才又讲了端午是如何和屈原关联起来的。他说：“在历史上，端午形成节日时，开始并不叫端午，而叫‘五月五日’，什么时候开始叫端午的呢？唐朝。”

听到“唐”，熊孩子对着手机问起另一端的小伙伴们：“你们知道我们上午参观的屈原祠是什么时候建的吗？我告诉你们，就是大唐时。”

三耳秀才一乐，继续说道：“如此一来，屈原和端午就有了更多的关联。”随即，三耳秀才举起周老师写屈原的书，“屈原是什么时候的人？大约公元前 340 至 278 年之间，盛唐是什么时候？公元 713 至 755 年。显然，两个时代相隔千年。那么问题来了：五月五真的是屈原投江的日子吗，这个时间靠得住吗？靠不住。我们怎么办？加上两个字‘相传’就行了。”

小胖墩笑了：“好神奇的‘相传’呀！”

三耳秀才也笑了笑，接着说：“唐代有个会写诗的和尚，他的一首诗中有一句是这样的，‘节分端午自谁言，万古传闻为屈原’。

‘万古传闻’，我们为什么如此一代代相传并且相信这个信息呢？这就是精神产品的特点，就像信仰，或者说是相信的力量。换句话说，我们代代相传的这个信息，无形中构成了历史事实了。”

原来是，想多了，想得美！

讲了半天，招待大家的燕子妈妈有点不耐烦了，对着手机，冲着三耳秀才说：“今天大家来我们家过端午节，你又是一番说教，他们都没空吃粽子了。”

“没关系。让孩子多听听，我们吃我们的。”小胖墩妈妈笑道，转而对小胖墩说：“壮壮，你还有问题吗？食物和精神食粮，可以一起吃的。”

脑子灵活的小胖墩问道：“秀才老师，一年三百六十五天，为什么大部分日子是普通的日子，而有些日子却成了节日？”

“真会思考。问得好，问得巧。你们知道吗，在历史上，每个节日的形成都是极其漫长的，何况端午这样的全国性节日，漫长是一定的。相应地，节日里每一个民俗的形成也是极其漫长的。”

“时间拉得这么长，其中，一定有一种一以贯之的力量吧？”小胖墩追着问。

“其中的力呀，也可以叫动力的。在我看来，可以用这样两条来说明。一条是，你想多了；另一条是，你想得美。”

“你想多了，你想得美。哈哈，真有意思！”

“你们再想一想，在年复一年的岁月更替中，一代代中国人，集体无意识，一定会往两个方面想：一个是让特殊的日子更丰富，这叫‘想多了’；另一个是让特殊的日子往我们希望的方向发展，这叫‘想得美’。”

三耳秀才接着强调：“想得美，确定了方向。自然，这是好的方向。延伸起来，每一段历史，都有不如意，但是，每一段历史的指向，或者说，人们的理想，一定是真善美。再说明白点，真善美，就是一个民族的共识，就是一个民族内蕴的巨大而持久的生命力。想多了，那就是——”讲到这里，三耳秀才略顿了一下，然后说，“借用奥林匹克精神来表达，那就是更快、更高、更强，还有更团结。”

“想得多、想得美，在我们餐饮界，那不就是，吃得饱、吃得好？”湉湉爸爸插话。

大家都笑了。

小燕子马上总结：“你想多了你想美，闪亮的日子不后悔。”

大家拍手叫好。

闹了一阵，突然小胖墩又追问：“秀才老师，你说想多了想得美，但是，你还没有说为什么五月五成了端午节哟。”

“哈哈”，三耳秀才微笑着说，“因为五月五，老天开始热了。

我称之为‘热起来我就燃起来’。”

“热起来我就燃起来”

三耳秀才接着说：“燃，超燃，是如今的流行语。端午到，五月起，气温猛升，天气热起来，和这个流行语的‘燃’对应起来，彰显出我们中国人饱满的精神状态。”

五黄六月，特别是五月五这个关键时间点，大自然里的万物都拼命生长。自然，有毒的也在有力有效地扩张其“邪恶力量”。屈原于此时，除了忧愤于国难之外，让他投江的因素中，可能还有这自然环境之恶。因此，我们对此要先去认识环境，在认识的基础上，想办法迎上去。换言之，以勇猛之力，攻毒。以节日之俗来一场轰轰烈烈的“粽”动员。说大白话就是，逢凶化吉，你毒，我来攻毒；你狠，我也狠；你厉害，我更厉害。也就是：“燃”起来。“燃”就是动力，就是状态，就是内在逻辑。所以，端午的主旋律就是：“燃”来就是豪迈。江上祭祀屈原，是这样；江上龙舟竞渡，也是这样。

讲完了热和燃的对应，让小伙伴们有点意外的是，三耳秀才又岔开话题，讲起了学习上的“联想”：“联想，这可是一个学习上的好习惯。学的东西，特别是背的东西，联成一片，就活了。如果你在作文中，能用上一次，那么，这学下来的东西就是你自己的了。知道吗？让我们来试试联想吧。我说‘热起来我就燃起来’，大家能联想到什么？”

“秀才爸爸，你还是自己先联想，也好让我们有样学样哟！”熊孩子李大力说。

“好的。我的联想来了。‘在苍茫的大海上，狂风卷集着乌云。在乌云和大海之间，海燕像黑色的闪电，在高傲地飞翔。’”说着说着，三耳秀才带出朗诵的声调来了。

“这是什么呀？！”熊孩子问了一句。

“高尔基的《海燕》。‘这是勇敢的海燕，在怒吼的大海上，在闪电中间，高傲地飞翔；这是胜利的预言家在叫喊。’大家最爱说的最后一句：‘——让暴风雨来得更猛烈些吧！’”

“我的课本上没有呀！我们不知道。”

“哈哈，等你们上了初中就学到了。”接着，三耳秀才又回到“暴风雨”，“你们想一想，让暴风雨来得更猛烈些吧！是不是很‘燃’？”

“秀才爸爸，我想到了九个字：不怕辣，辣不怕，怕不辣。”小胖墩妈妈抢了一句话，秀才笑了，接着她的意思说道：“对的。燃起来就是不怕辣、辣不怕、怕不辣呀。燃起来就是热辣滚烫，燃起来就是斗争精神，就是在水深火热中斗志昂扬。”

“秀才老师，我有一个奇怪的问题想问你，那就是我们语文课本里从低年级到高年级，为什么没有屈原的文章或纪念屈原的文章呀？还有，屈原是投江自尽的，我们应该如何看待这样的自杀事件？”

“问得深，到底是班长呀！个人认为，屈原给了我们三大贡献。”

“三大贡献？”四个小伙伴互相望了望。

“三大贡献。第一大贡献是：美人香草，美人是君主；第二大贡献是：以身殉道，屈原是榜样。”

三耳秀才展开话题，慢慢聊开来。香草美人是一个传统。在《离骚》里，屈原反复借香草美人抒发感情。诗中的香草有木兰、杜若、江离、芷、申椒、菌桂、蕙等，代指的是屈原自己。诗人以这些缤纷的香花美草来比喻自己的道德修养和高洁人格。美人则指代贤达的君主。如此一来，诗人通过对美人的热切追求，来表达自己对贤明君主的渴慕。自《离骚》以来，香草美人在中国文学史上绵绵不绝。

“屈原投江是自杀，其实，应该叫殉道。说白了，就是把自己的肉身献给道，献给仁义。这是古代最高贵的士大夫在无力回天的境况下，所能采用的最壮烈的行为。所以孟子说：‘天下有道，以道殉身；天下无道，以身殉道。’所以有名词‘烈士’。所以有成语‘舍生取义’‘杀身成仁’，所以有诗句‘为有牺牲多壮志，敢教日月换新天’。以身殉道，所以，后世子孙才看到道的非凡和伟大。”

说到这里，三耳秀才有点动情了，缓了缓，接着说：“这个道理，就是我给你们讲的屈原的第二大贡献。”

“不是三大贡献吗，怎么只讲两个？”听得出了神的熊孩子问。

“第三大贡献是最简单的，你们不明白吗？”三耳秀才眨了眨眼睛，说道：“就是你们现在吃的粽子！”

趣味小拓展

晚餐时，三耳秀才拿出一瓶酒，说："过端午，我也来喝一杯。"

"是雄黄酒吗？"小燕子好奇地问，"听说古人过端午要喝这个。"

"雄黄酒是什么酒？"李大力也跟着问。

三耳秀才慢条斯理地喝了一口酒，笑着说："我喝的可不是雄黄酒。真正的雄黄酒，我敢买但不敢喝呀！"

"为什么？"熊孩子追问。

"有毒啊，毒性还不小！"

"那古人怎么敢喝呢？"小燕子继续追问。

"古人喝了，不是都——死了吗？"

"爸爸乱说！"熊孩子立刻反驳，"你这是'信口雌黄'！"

"哈哈！"三耳秀才忍不住笑出声。这时，妻子插嘴："别笑了，快跟孩子们讲讲！"

"好吧。通过雄黄酒，我们知道有雄黄。我告诉你们，还有雌黄。雄黄和雌黄都是黄色矿物。简单来说，雄黄好看，雌黄硬一些，不容易碎。雄黄产于山的阳面，所以叫雄黄。"

"那雌黄就产于山的阴面咯！"熊孩子聪明地问。

"对的！产雄黄的山，通常也会产雌黄。所以，雄黄和雌黄合在一起，被称为‘鸳鸯矿物’。”

“真神奇！”妻子感叹道。

“雄黄可以泡酒，你们都知道。市场上也有卖的，不过酒瓶上一般都会写‘不可饮用’。那用来做什么呢？端午节洒一洒算消毒，还可以点到小孩子的额头上，辟邪呢。身上痒了，也可以涂。”

“有雄黄，还有雌黄。”妻子好奇地问，“雌黄有什么用？”

“可以当橡皮擦呀！”

“真的可以当橡皮擦吗？”正在吃饭的小燕子和熊孩子抬起头来问道。

“魏晋时期，人们用的纸是淡黄色的。如果写错了怎么办？就是用雌黄调和的颜料擦一擦。你们说，这不就是橡皮擦吗？”

“又在‘信口雌黄’了。”妻子狐疑道。

“我说的这个可是真的！”三耳秀才又喝了一口酒，接着说：“既然你们提到成语‘信口雌黄’，我就给你们讲讲这个成语吧。

“在魏晋时期，文人雅士喜欢谈玄。其中有一个叫王衍，学问不错，但他太随便，喜欢信口开河，所以当时的人就说他‘口中雌黄’，意思是嘴里带着个橡皮擦，讲了一个道理，马上就能变没了。而且，这个人做人也变来变去，简单来说，人品不怎么样。所以，传来传去，我们的语言里就有了成语：信口雌黄。

“这也算是王衍对汉语言发展的贡献吧！”

七夕节

七夕节：当下少年如何“弄巧”

“追星”闲话

“七夕节，是咱们唯一能看星星的节日哟！”

夏夜，秀才夫妻俩在江边公园散步，听到三耳秀才讲“看星星”，他妻子停下脚步仰起头来认真看了看夜空，然后转头对秀才说：“唯一看星星的节日，真浪漫。”想了想，问道：“那么，看月亮的节日，有吗？”

“当然有！元宵节就是一个，中秋节更是。”三耳秀才兴致勃勃地说，“看月亮、看星星，我们中华民族真是懂生活、追求浪漫的民族呀！”

此时，江边广场正播放着老歌《星星点灯》，妻子跟着哼唱：“星星点灯，照亮我的家门，让迷失的孩子，找到来时的路。”突然，她又问：“七夕节快到了，你打算给孩子们讲什么？”

“讲晒书的习俗，还有拜魁星。我们宝山不是有魁星楼吗？我想带小燕子和熊孩子自己去体验一下。”

妻子接着问：“七夕节，你讲不讲牛郎织女的故事？”

“牛郎织女当然是重点！而且还要大讲特讲！”

“你不怕引起孩子们早恋吗？”

“从屈原开始，我们就有美人香草的譬喻。后来，借爱情来寄托各种情感或处境，更是演变成了文学创作上的习惯。比如，唐朝诗人朱庆馀的‘画眉深浅入时无’（《近试上张水部》），写新娘不知自己的打扮能否讨得公婆的欢心，担心地问丈夫她所画的眉毛是否合宜，其实诗人是以新娘自比，以新郎比张籍，以公婆比朝廷主考官，实则担心自己的仕途，这种担心和新娘的担心倒是很相似。

“细细想来，文学里的爱情追求和牛郎织女传说中的爱情追求，其内核是一样的。那就是遵循自己的真心，过更有意义的人生。我这样讲，小学生不会把美好的爱情理解偏吧？何况，小学语文教材里也有牛郎织女的故事嘛！”

夫妻俩东聊西聊，最后又回到了如何给孩子们讲七夕的话题。

“七夕又叫女儿节，你们小时候怎么过的？”

“和大家一样，穿针引线、弄弄巧果之类。”妻子突然想起：“对了，我记得有一年，我用一个破脸盆弄了些湿土，把小麦和绿豆埋在里面，十多天后，豆子们长出了青芽，特别好看。我还用红丝线把它们拦腰系了一下，更好看了！”

“你这个做法跟古人一样！古书上有记载，叫‘种生’或者‘生花盆’，也算是一个习俗吧？”

“太好了！我回头告诉小燕子，让她今年也弄一个别致的‘生花盆’！”

话题聊到这里，妻子反问：“七夕节，除了牛郎织女，除了乞巧，你还有什么新花样吗？”

“很简单，我带他们去看一次星星就行了！”

“看一次星星？”妻子笑着不信。

“是呀，带他们去魁星楼拜魁星，看看牵牛星和织女星，然后从汉字讲起，介绍七夕节的由来，这样不就行了？”

手机里的“大三角”

“今天，你们的任务是——”

站在宝山市江边公园一座高塔的顶层，三耳秀才靠着栏杆，对小伙伴们说道：“你们的任务是，看、手、机！”

“看手机？”小伙伴们正在高塔上四处打量，听到三耳秀才说的“看手机”，颇有些困惑，熊孩子问：“爸爸，把我们叫到这里来，就是让我们——看手机？！”

三耳秀才笑了，接着说：“夜晚把你们带到这里，就是让你们专注看手机。哈哈，我的手机可不一般，湉湉，你先看一眼！”

小吃货接过手机，听到“扫一扫天空”，瞬间兴奋地叫了起来：“天上的星星，这么清楚呀！”

“我的手机安装了观星软件，这样看星星，星光更加灿烂！”

四个人头挨着头，脸贴着脸，好奇地辨别着天上的星星。

随着天色呈现出越发浓郁的墨蓝，不知谁的肚子也开始咕咕叫。

三耳秀才变戏法一样，从背包里掏出一盒小燕子妈妈准备好的“巧果”：有圆的、有方的，有小动物形状的，还有小花朵，五颜六色，样样俱全，煞是可爱。

“哇！”小吃货两眼放光，忙不迭塞了一颗到嘴里，含含糊糊地说“好吃”。

“今天看星星，我们可得看出民族自信！”三耳秀才这么一说，把“少年营”都说愣了。“大家看到那条长长的光带了吗？那就是银河。古人叫‘河汉’‘银汉’。关键字是——汉。汉是什么意思呢？古人的解释是‘漾’，意思就是荡漾的感觉。我们现在看到银河的感觉，浩荡而辽阔，古人肉眼看到的，应该也是这种感觉吧！”

熊孩子插了一句话：“说了半天，这和民族自信有什么关系？”

三耳秀才继续说道：“天上的叫天文，地上的叫地理。从天文到地理，所以大地上有了以‘汉’命名的河流和地方，比如汉江、汉中，还有以‘汉’命名的王，这就是刘邦。后来，这个王当了皇帝，建立的朝代叫汉朝。我们称为汉人，我们的民族叫汉族。说到这里，你们说，看银河，能不能看出民族自信？”

“能！”大家都叫了起来。

“好，有了自信，我们再来看‘大三角’！”

“是三颗亮星吧？秀才老师。”小吃货问道。

“是的。星光较暗的那一颗叫天津四（天鹅座 α），另两颗，你们一定知道。”

“那肯定是牛郎星和织女星了，我猜。”小胖墩表达了自己的看法。

“对的！天津四和牛郎星——牛郎星也叫河鼓二——以及织女星就构成了‘夏季大三角’。”三耳秀才继续解释，“这个大三角大致是一个直角三角形，织女星就在直角的尖尖上。”

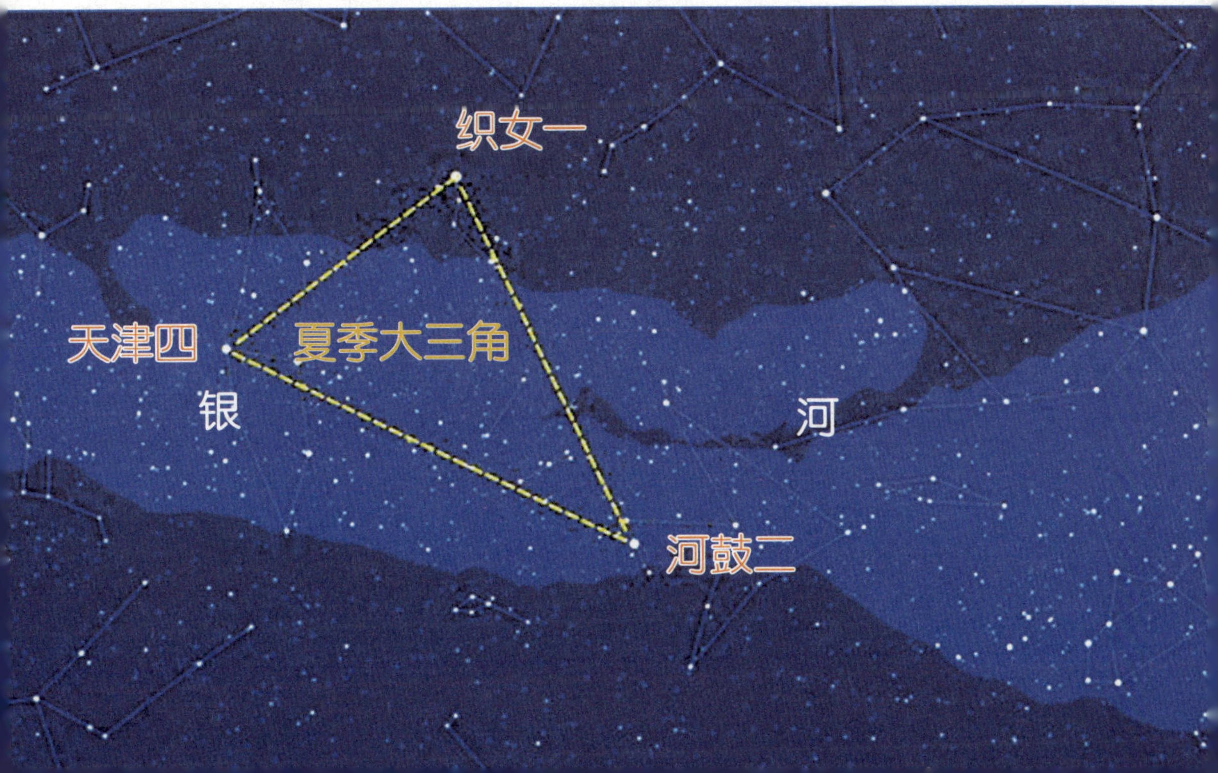

“天津四？是北京天津的那个天津吗？”小燕子问。

“津就是渡口。天上有银河。有河，当然得有渡口。这边有了一连串的星组成的渡口，天津四就是最亮的一颗星。”

一直默默聆听的钱壮壮说道：“有了河，有了渡口，还得有桥——鹊桥。对吧？秀才老师！”

“对！壮壮这是举一反三了。这便是专门为牛郎织女一年一次相逢而搭建的临时桥梁。”三耳秀才说道，“说到鹊桥，我这里教你们一个字，牛郎织女相逢时从鹊桥上走过，踩在哪里呀？踩在喜鹊的头上，这一踩，喜鹊的头就秃了。喜鹊的头秃了，用哪一个字来表示？”

三耳秀才在手心慢慢写下一个复杂的字：“髡（kūn），跟昆仑山的昆同音。这个字，上半部分和鬓发的‘鬓’上半部分一样，下半部分就是儿子的‘儿’字，中间再加一横。这就是髡，这就是喜鹊秃了头。”

熊孩子有些不服气，对爸爸说：“喜鹊秃了头，这个字，只有你如此解释吧？”

“当然不是，这是有典故的：‘涉秋七日，鹊首无故皆髡，相传是日河鼓与织女会于河东，役乌鹊为梁以渡，故毛皆脱去。’”

“河鼓就是牛郎吧？”大家听着神奇，钱壮壮又提出一个问题来：“秀才老师，牛郎织女的故事，是古人凭空想象出来的吗？”

“当然不是。”

从航天到传说——纤云弄巧，飞星传恨

远处的广场舞音乐还在响，这边“江边夜话”也没有停。

三耳秀才带着“节日少年营”下了高塔，来到江边公园的一处草坪上就坐，头上是浩瀚星空，对天空的想象更深入了。

“真想像宇航员叔叔阿姨那样，遨游太空呀。”熊孩子向往地感叹道。

“世界航天第一人，你们知道是谁？”三耳秀才问。

“加加林！”博学的小胖墩马上答出来。

三耳秀才笑道：“错——是中国明朝的万户。”

见几个孩子一脸不信，三耳秀才继续讲道：“传说，明朝有个人姓陶，擅长炼丹，在炼丹中得到了启发，开始炼制火器，还帮助了朱元璋打天下，所以得到了‘万户’的封赏。有一天，他突发奇想，把47个自制的火箭绑在椅子上，自己坐在上面，双手举着大风筝，然后叫仆人点火发射，设想利用火箭的推力，加上风筝的力量飞上太空，不幸火箭在高空爆炸，他也没了命。国际天文学联合会将月球上的一座环形山以‘万户’命名，来纪念他向太空搏击的努力。”

小燕子吐吐舌头：“这人真傻。”

湉湉说道：“古代人不知道太空有什么，所以才会这么好奇，也才会有那么多美好的想象吧。”

三耳秀才把话题拉回牛郎织女的故事：“中国古代社会最典型的劳动模式，便是男耕女织。于是很自然，人们仰望星空时就将天上的星星和现实生活有了对应，河汉女后来也就被人们拉来和牵牛星做起了朋友，发展出爱情，并且称呼这颗星为织女星。这样，古代中国著名的传说故事就有了底本，一代代演绎，故事版本也就越来越多了。”

“秀才爸爸，你说的这些，是你想象的吧？”小燕子有点怀疑。

“我可不能瞎说的。明朝有个进士，叫冯应京，他编撰了《月令广义·七月令》，记载了从前的传说，说的是：‘天河之东有织女，天帝之子也。年年机杼劳役，织成云锦天衣，帝怜其独处，许嫁河西牵牛郎，嫁后遂废织纴。天帝怒，责令归河东，但使一年一度相会。’”三耳秀才接着把这段话翻译了一遍。

“后来呢？”钱壮壮问了一句。

“这样的故事，大家都爱传。有趣的是，牵牛星，在历史上也叫过扁担星。”

“是沙和尚挑的那个扁担吗？”熊孩子说了一嘴。

“哈哈，是。牛郎挑着扁担，前面一个星，那是他的儿子河鼓一；后面一个星，那是他的另一个儿子河鼓三，不停地追赶着他的老婆——织女星。”

“星追星，这下真成了‘追星’。”小燕子机灵说道。

三耳秀才继续说：“牛郎有扁担，织女有梭子。”

“秀才爸爸，梭子是什么？”

“就是织布的工具，把线牵引着穿来穿去呀。”三耳秀才继续说：“织女星旁边，有四颗星星，构成一个小菱形。传说这个小菱形是织女织布用的梭子。织女一边织布，一边抬头深情地望着银河东岸的牛郎和她的两个儿子。”

“这是一个悲剧呀！”听了故事，小吃货发表了自己的看法。其他小伙伴看了看小吃货，表示认同。

“是有点悲，但比起梁山泊和祝英台强多了吧，不管怎么说，一年还有一个探亲假呀，还有那么多的喜鹊飞来相助。”三耳秀才笑了，接着，话锋一转，说：“也正因如此，中国古代文人也非常喜欢牛郎和织女。我说一句词，你们一定知道：‘两情若是久长时，又岂在朝朝暮暮。’”

“我知道！”“我也知道！”小伙伴们都叫了起来。

鹊桥仙·纤云弄巧

［宋］秦观

纤云弄巧，飞星传恨，银汉迢迢暗度。
金风玉露一相逢，便胜却人间无数。
柔情似水，佳期如梦，忍顾鹊桥归路。
两情若是久长时，又岂在朝朝暮暮。

大家一齐诵道。

不知不觉，远处的广场舞音乐没了。三耳秀才便想结束“江边夜话”。最后，他说：“要抬头看星，也要低头走路。现在，时间不早了，我们回家啰！”

“魁星点斗”迎少年

“节日少年营”单独行动了。

其实，四个小伙伴并没有走远，还是在宝山市里转悠。没有父母陪伴，四个人一队，单独行动，一来，是受了三耳秀才的鼓舞和指点。三耳秀才对他们说：七夕节，古人要拜魁星的，你们也可以去拜一拜呀。这可比每次考试拿‘橙子’强多了！”

二来，暑假快完了，马上就要迎接新的学期。大家期待新学期里有好运。于是，几个人约好，一起去拜夫子庙里的魁星。

夫子庙魁星楼是一座三层的小楼，建于300多年前，那时宝山市几乎没有高楼大厦，三层楼还是蛮气派的。

在魁星楼大门前，小吃货孙湉湉买了文创卡片，上面是一张画，画上是卡通版的魁星。小吃货拿到手里仔细地看，其他三人也凑了过来，熊孩子李大力看了说道：“怎么画里还有字呀？”

“什么字？”小吃货问道。

熊孩子手一指，说道：“上面部分，右边，一个‘斗’字。下面，还有一个字，‘鳌’。”

“这个，我知道！”钱壮壮说道：“秀才老师叫我们来拜魁星，所以我事先做了攻略。这个就叫‘魁星点斗’，也叫‘独占鳌头’，那个‘斗’就是指魁星的logo，说明它就是天上北斗七星的‘斗’。北斗七星，一共七颗星，魁星，就是指组成‘斗’的四颗星。”

“哪四颗星？”小燕子问道。

“就是天枢、天璇、天玑、天权。这四颗组成‘斗’。”

小胖墩这么一番解释，让其他三人吃惊不已。熊孩子用拳头轻轻捶了一下小胖墩，说道：“小专家，今天，你可得好好当个导游。”

“岂敢岂敢！”小胖墩谦虚道。

说巧不巧，“少年营”说笑间，真来了一个挥舞着小旗的导游。这位导游带着一个团队，正往魁星楼一楼大厅走。跟着走吧，这下，“节日少年营”可以“借东风”享受免费的专业解说了。

“长得像个鬼一样。”导游开口讲解，第一句话就把大家吓了一跳。他继续说：“这个魁星，生前长得非常丑陋。用我们现在的话来说，就是长得像鬼一样。可是，奇人奇相，我再说一遍，奇人有奇相。我说一个人，戏台上，大黑脸……”

不等导游说完，队伍中有人说：“是包公吧？”

“是的是的，相传包公就是魁星转世。大家看到没有？”导游略停了一下，继续说道：“黑脸红发，张牙舞爪，一只脚踩在鳌头上，另一只脚踩着什么呢？”

“踩着牛郎吗？”小伙伴们齐声问道。

“不是，踩着一个持剑的女人，传说她是王母娘娘。魁星一生为人所敬仰，后来被尊为文曲星。”

“文曲星？那也是学业的象征吧？”小燕子问。

“对呀，文曲星掌管文运，能给学生带来好运。”导游接着说，“所以，大家来拜魁星，期许的就是学业有成、金榜题名！”

“我们也要拜！”四个小伙伴兴奋地说道。

“那就快去吧，愿你们在新的学期里，学业更上一层楼！”导游笑着挥手。

“我们也去！”小伙伴们齐心合力，向魁星楼走去，期待着新学期好运降临！

趣味小拓展

“爸爸，今天七夕，你叫我把那些放久的书拿出来晒。晒书这事，有什么典故吗？”李大力一边忙活一边问。

“有啊，这个典故叫作‘郝隆晒书’。其实不是晒书，是晒肚皮！”爸爸神秘一笑。

“怎么会是晒肚皮？”熊孩子好奇地问。

“这个典故源于东晋时期，也就是鲁迅说的那个‘文学自觉时代’。简单来说，那时候的文人特别崇尚个性，典故可多了！比如‘孟嘉落帽’（重阳节的故事）。而郝隆晒书的主人公郝隆，可有意思了。到了七夕，大家都要晒东西，富贵人家晒衣服，那可是绫罗绸缎！可郝隆没这条件，怎么办呢？他就跑到阳光下，袒露出自己的肚皮……”

“这……行为艺术啊！”

三耳秀才继续解释：“别人问他这是干嘛，郝隆就说：‘我在晒我肚皮里的书呀！’意思是我可是个饱读诗书的人。”

“显摆得很啊！”熊孩子竖起大拇指，“现在的人晒出来的，很多都是啤酒肚吧？！”说着拍了拍爸爸的肚子笑了。

“晒肚皮，显摆一下。大力，你觉得这样是不是不够谦虚？”

“但你不是一直说‘实现小目标，就要飘一飘’吗？！”

“对对，‘实现小目标，就要飘一飘’。但中国文化讲究内敛，要谦虚。所以，有时候也挺矛盾的。”

“是啊，爸爸。在学校我谦虚的时候，总有同学说我不够谦虚，真气死人！”

“做自己最重要。有时候，儿子，你也可以像哪吒一样‘我命由我不由天’。”

“谢谢爸爸鼓励，我要飘得更高了！”

最后，三耳秀才对儿子说：“飘得高，前提是要多读书，内在越踏实，飘得越稳当。这样，不管什么场合，晒不晒肚皮，你的出现就是在晒书。因为苏东坡说过，‘腹有诗书气自华’。”

中秋节

中秋节：先是小团圆，再是大团圆

十五的月亮十六“元”

临近中秋节，大夏小学食堂里准备了月饼。午餐时，赵小燕和孙湉湉刚坐下，看到李大力端着盘子四处张望，远远看见她俩，笑嘻嘻地走了过来。

“小吃货”孙湉湉举着小半块月饼问小燕子：“你猜一猜，这块月饼，多少钱？”

“你只管吃，管它多少钱一个呢！”小燕子嘴巴吃得鼓起，享受着美味。

这时，李大力对小燕子说：“姐姐，小吃货这样问你，一定另有所指。”

小吃货笑了笑：“那你猜一猜，我的意思是什么？”

“中秋节问月饼的价值，我当然知道。你手上的这块月饼，无价，是无价之宝。对不对？！”

小燕子眼珠子一转也笑了，说道：“天上的月亮，多少钱？”

熊孩子边吃边抬头，睁大眼睛，说道：“姐姐，天上的月亮也要标明多少钱吗？”

“还不是和我手上的这半块月饼一样，无价。月亮就是我们中国人的无价之宝哟！”小吃货有点洋洋得意。

“天上的月亮，当然不是无价哟。”小燕子也得意地扫了扫孙湉湉，“16 块钱。”

“这么便宜呀？”熊孩子立马追问。

“16 块，为什么？”小吃货也给弄蒙了。

“因为，”小燕子故弄玄虚，慢慢说道，“十五的月亮十六‘元’。”

小吃货和李大力听了哈哈笑起来。

最团圆夜是中秋

中秋节前的周六，傍晚，斜晖落入客厅。

“燕子妈妈，我没什么带的，买了一点水果，大家一起吃吧。”

壮壮妈笑了起来：“哈哈，本来我挑了几个大梨子，但是，我们家壮壮却说，梨子有分离的意思，惊蛰吃梨子，是和病毒分离，到了中秋吃梨子，不好不好。把我惹笑了，我说，这是哪门子的道理，壮壮说，是他想出来的。”

燕子妈妈说：“孩子也有道理的。”

“所以，我买了甜瓜西瓜还有开心果。这下，大家团圆，大家开心。”

“开心开心。”湉湉妈妈笑道，“我们也没什么好带的，特意做了手工月饼，大家尝尝。”

“湉湉爸爸可是顶级大厨，他做的月饼，一定超级好吃。”燕子妈妈说道。

在妈妈们的忙碌下，不一会儿，阳台上的茶桌上摆好了月饼和水果，泡好了茶，几户人家围在桌边说说笑笑，等待着圆月。

“秀才老师，我听湉湉回来跟我讲，你到她们学校做了一次节日主题的讲座是吗？讲了什么？也给我们科普科普吧。”湉湉妈妈爽朗笑问。

“这次讲座，除了基本的常识科普，我还有一个主要观点是——传统节日都是因祸得福的大日子、好日子。”

“因祸得福？愿闻其详。”壮壮爸爸也好奇了。

“以端午为例吧。端午时，五毒会出来，五毒如果变成妖、变成怪，那么，我们应该怎么办呢？给这些鬼神送些好吃的，这就是祭祀了。大家想是不是这个道理？端午时，五毒出来，这日子不好吧，可是，祭祀也在这日子。祭祀，有两个方面，一个是娱神，一个是娱人。娱神，神高兴了，就不会为难我们了；娱人，大家热闹起来，一定得乐观，一定会欢畅。所以，在历史演进中，不好的日子就这样成了节日，成了大日子、好日子。”

“这么一说，还真有道理。”壮壮妈妈应和道。

“那么，还有什么因祸得福的大节日，帮我们理一理？”湉湉爸爸提出了要求。

“日子变成节日，端午，是最明显的一个例子。其他，内在的逻辑也是这样，只是灾祸不是那么鲜明。这里，我一个个来给你们数一数。

“春节，年兽来了，传说年兽可是要吃人的。光阴似箭，吃人年兽里有我们中国人对时间的忧虑。

“元宵节，会来火神，怕他引来火灾，所以要点灯要吃汤团。

“清明和中秋，涉及死别和生离。

“重阳，人开始怕老了。怕的是老无所依、老无所靠、老无所养。”

…………

就这样，皓月当空，月华如水。大家吃着茶，赏着月，不紧不慢聊着天，享受着难得的宁静闲适。

三耳秀才最后总结：“一句话，我们中国的传统节日，都是月亮惹的祸。”

“怎么是月亮惹的祸？月亮这么美好！”燕子妈妈第一个反对。

“这是我个人的理解哟。中国人讲阴阳。太阳是阳，最阳叫太阳，月亮是阴，最阴叫太阴。在阴阳中，阴，更多给我们不好的感觉和影响。比如，我们说，某某人，很阴。什么意思？”

“你这一说，还真是的。”壮壮妈妈和湉湉妈妈都应和道。

三耳秀才接着说道：“年月年月，什么是年月里的月呀？不就是，没有看到月亮到上弦月，到满月，再到下弦月，再到看不到月亮。这个过程，就是一个月。”

“还真没想到，我们的一个月跟看没看见月亮有关系。”壮壮爸爸说道。

“讲阴对我们的影响，就有了特别的日子。一月一，就是大年初一。二月二,二月二龙抬头呀。三月三是上巳节，四月四也是一个节，现在不太讲了，五月五是端午呀……这样排列，这样的日子就特别。所以，慢慢地，大的节日就从这里演变出来了。所以，节日，都是月亮惹的祸，都是因祸得福的大日子和好日子。”

“讲了半天道理，我们还没有吃月饼呐！”燕子妈妈说。

“我来打开，”湉湉妈妈打开带来的手工月饼，边说道，“我们家的大厨，今年做的月饼，可是动了脑、用了心的哟！”

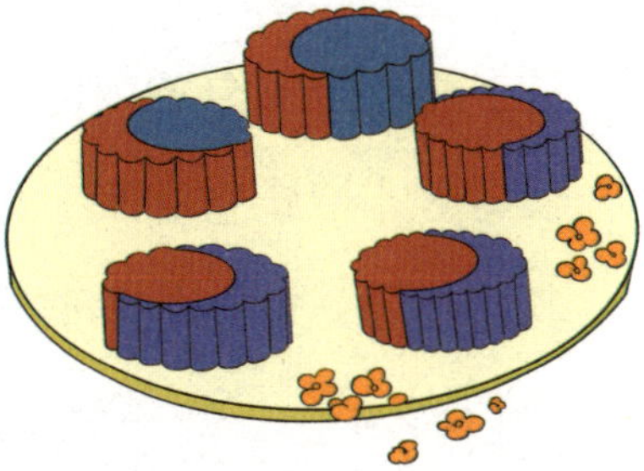

当湉湉妈妈把包装打开，大家都又惊又喜。壮壮妈妈说：“这是圆的，也是不圆的。”原来，湉湉爸爸做的月饼是带色

的。有红色的，不过，不是全红，月饼上还有一个紫色的上弦月。有蓝色的，不过，不是全蓝，月饼上还有一个红色的下弦月。如此不同的两色来做圆和缺，难怪壮壮妈妈说是圆的，也是不圆的。

“真是用心了。这样的月饼有哲学的味道。看起来是圆的，但也有缺。本来，月亮一直是圆的，我们看到的，月有阴晴圆缺，不过是表象。这样的月饼，吃起来，一定更有味道。”

热闹中，大家津津有味地品尝着月饼。这时，湉湉妈妈叫道：“咦，几个小家伙哪去了？”

“他们在大力屋里疯呢。秀才，快去叫来。”燕子妈妈说道。

“最团圆夜是中秋，”三耳秀才边起身边说道：“都叫来，这样最团圆！”

“下雨了，怎么办？”

月光轻抚阳台。

三耳秀才躺在一把藤椅上，手握一把小小的紫砂壶，沐浴着月光，优哉游哉。

赵小燕推开阳台后门跑了过来：“爸爸，你好逍遥呀！”

三耳秀才把腰直起来，说道：“清风明月不用一钱买。中秋时节，多看看月，也是艺术熏陶呀！”

“下午下小雨，想不到晚上还有月亮，”赵小燕说着，突然话

锋一转，问爸爸："要是中秋下雨了，没有月亮，怎么办呢？"

"那就弄个月亮呗！"三耳秀才云淡风轻说了一句。

"爸爸，你真是异想天开！"

"哈哈"，三耳秀才喝了一口茶，笑着说："这可不是我异想天开，而是唐人、唐朝的人，异想天开。或者说，自从唐朝以后，月亮就很不一样了。"

"爸爸，你说的有点玄，是不是要跟我讲神奇故事啊？"

"八月初就下雨，一直下到八月十五，如何过个好中秋？"三耳秀才给女儿讲的第一个故事发生在唐朝。

九华山上有一个道士，名叫赵知微。到了中秋，对一同修道的人说，今天晚上，你们有兴趣上到天柱峰去赏月吗？大家心里想，老天还在下雨，能看到月亮吗？可是，大家一出门，便见皓月当空，到了天柱峰，大家弹琴写诗喝酒唱和，好不逍遥。玩好了以后，大家回到住的地方，赵知微收起法术，外面又恢复到风风雨雨。

"秀才爸爸，唐朝也有科幻小说？"小燕子问道。

"不叫科幻小说，我们古人把它叫笔记。这故事出自晚唐笔记《三水小牍》，作者是皇甫枚。"三耳秀才解释起来，接着说道："就在这本书中，还有一个故事，更有趣。故事发生在桂林，主人公姓韩，叫他韩生好了。有一次他看到月亮很明亮，便用瓢来舀月光，并且还就势放到一个篮子里。韩生这番操作，大家当然觉得好笑。过了几天，几个朋友远行，坐上了夜航船，航行中，老天下起了阴雨，其中有一个人便想戏弄这位韩生，你上次不是贮存了月光吗，这个时候，正好拿出来呀！韩生说，你不说我倒忘记了。于是，他拿来篮子，用瓢向篮子里一舀，再撒向空中。结果呢？后面的事就和第一个故事一样了，月光下大家吃呀喝呀，取乐够了，这位韩生才收了法术，天气又恢复到了之前的状态，刮着风，下着雨。”

“还有吗？”

“我们现在，爱说大唐气象。我觉得，大唐气象，除了我们认为的物质文明，还应该包括想象力。根据有关书籍，有关月亮的故事，唐朝可真不少。有刻月，刻纸为月；有纸月，剪纸为月；还有摘月，用一把筷子当作摘月亮的天梯，而摘下来的月亮仅仅只有寸许，收藏在衣袖里面。还有把唐玄宗拉到月亮去逍遥的，大概也是在中秋节吧，至少是八月。”

说到这里，三耳秀才顿了一下，然后说道：“唐朝大诗人白居易写有《长恨歌》，写的就是唐明皇，其中便有‘临邛道士鸿都客，能以精诚致魂魄。为感君王辗转思，遂教方士殷勤觅。排空驭气奔如电，升天入地求之遍’。升天入地，应该到月亮上去找过。”

“爸爸，你怎么扯到诗上面去了。”

“扯，怎么啦！我再来一首，‘孤篇压盛唐’的《春江花月夜》，张若虚的诗。其中有这样的句子：‘江天一色无纤尘，皎皎空中孤月轮。江畔何人初见月？江月何年初照人？人生代代无穷已，江月年年望相似。不知江月待何人，但见长江送流水。’”

“大唐真大，大唐真厉害！”听爸爸扯了这么多，小燕子也感叹了一句。

三耳秀才从藤椅上站了起来，看着天空中的繁星和月亮，很认真地说：“我突然想起一位当代姓盛的文人说的话，‘自从李白以后，月亮不一样了’。今天，聊了唐人这么多的月亮故事，聊着聊着，我觉得这句话可以改一改了。”

“爸爸，怎么改？”

“自从大唐以后，中秋成了节日。自从大唐以后，月亮很不一样了。”

社区吃大餐，饕餮盛宴大团圆

中秋假期前一天下午，三耳秀才开着车来到大夏小学的校门口，不一会儿，“节日少年营”的四个小伙伴就爬上了秀才的车。

熊孩子李大力率先发问：“秀才爸爸，你要把我们带到哪里去？干什么呀？”

“带你们去一个社区过中秋，来一个大——团圆！”

“大团圆？团圆还分大小？”熊孩子继续问。

“团圆当然也有大小。”三耳秀才说道，“一个家的团聚是小团圆，几个好朋友家庭之间的，也是小团圆。”

“秀才老师，那大团圆是什么规格？”小吃货孙湉湉问道。

“要到社会层面的，才是大团圆。”

“有点听不懂呀，爸爸！”小燕子抬高了嗓门。

“中国的社会结构、文化结构单元就是家，国家国家，落到‘家’上面了，专家把这个叫家国同构。因此，我们中国人最讲家国情怀。而过节，最能体现家国情怀。特别是中秋。”

“秀才爸爸，你又扯远了。”小燕子怼了爸爸一句。三耳秀才说：“在一个小家庭内的团聚，是小团圆。其实也是最基础的。胸怀开阔，走出小家，就有了家国情怀。或者说，沿着家国情怀这条线，向上，就是越来越大的团圆。要是国家层面举办的中秋团聚，那就是最大的团圆了。”说到这里，三耳秀才意犹未尽，“要是我能亲自参加，那就是我最大的荣幸了”。

“秀才爸爸，咱们要去哪个社区呀？”熊孩子问道。

“欧盆社区，今晚举办一个中秋盛宴。”

“一个社区，还能弄出盛宴？欧盆社区，是一个盆吗？”赵小燕也来了问题。

“哈哈哈，欧盆欧盆是英文 open 的音译。我们今晚去的这个地方，是我们宝山市经济开发区所在区域，这个地方率先在上世纪八十年代设立开发区，对外开放搞开发，得让人有房子住吧，于是开发出来第一个小区，就叫欧盆小区，如今已经成为一个大社区。”

“一代有一代之气象。”这时，小胖墩钱壮壮仿佛是个小先生似的，如此说道，“改革开放后，我们国家有了历史大气象。”

三耳秀才赞道：“壮壮说得好！”

到了欧盆社区，三耳秀才一行人走进一个大院子，只见两边排了几十桌，人们来来往往，好不热闹。

三耳秀才以及“少年营”在靠近舞台的主桌上落座。看来，中秋盛宴不仅是一顿丰富的晚餐，还有一台精彩的晚会。

大家坐定后，趁着空隙，熊孩子低声问爸爸：“爸爸，你今天的关键词是什么？”

“是大餐，大团圆，是作文大法。”

不一会儿，晚宴主持人就邀请三耳秀才上台。

“是不是大餐？我们的中秋夜宴是不是大餐？”站在台上，三耳秀才的第一句是反问，接着说：“能看到月光的夜餐最浪漫，邻里乡亲一起赏月光吃晚餐，是大餐。我们这里有多少桌呀？几百人，几十桌，热热闹闹，轰轰烈烈，大家说，我们的中秋夜宴是不是大餐？

“一方水土养八方人。我们这个欧盆社区的居民来自五湖四海，来到宝山开发区这片热土。这个新区是一块宝地，养育了来自八方的我们，而今天，八方人坐在一起，甚至就在同一张圆桌上，又是中秋，这是一个大大的中秋，这是一个大大的大团圆。

“我知道，今天好多小朋友来了，在座的，还有不少当父母的，这里，我给大家实实在在的干货，用一句话来解决作文难的问题。大家要不要？请用掌声告诉我。”

一片掌声落下来后，三耳秀才接着说：“我们写作文，写不下去的状态是怎样的呀？”

接着，三耳秀才把右手伸到自己的右上方，仿佛拿着一支笔顶在本子的右上方，“这种状态，便意味着我们的头脑处于停摆状态。这个时候，我们要用外在的动作来摆脱，这便是，另起一行空两格。当我们把手中的笔移到下一行时，我们的头脑就会做出写下另一个段落的准备了。我们的思路就很容易打开了。”

讲完道理，三耳秀才讲起了例子。举的例子就是写中秋。先写月亮，写完月亮没得写的，另起一行空两格，写月饼。写完月饼，再写今天的天气，写完天气，写大家的表现。

最后，三耳秀才问：“当我们写文章写不下去怎么办？”

下面的声音很整齐：“另起一行空两格。”

“最后给大家出一道难题——在二十四节气中，哪一个节气最受委屈？”

问题出来只停了一会儿，三耳秀才便说道：“直接公布答案，这个最受委屈的节气就是秋分。为什么呢？因为每年到这个时间段，大家的注意力都给了中秋。中秋把秋分的风头占去了，你们说说秋分委屈不委屈？”

台下没有声音，大家都在思考。三耳秀才继续说：“这也说明，在我们中国人心目中，中秋是非常重要的，月亮是非常重要的，圆满是非常重要的。什么叫圆满呢？从一个中秋到另一个中秋，就叫圆满。所以，我看到大家在一起吃大餐，如此团结，如此幸福，我要说，这就是一个大圆满。”

一阵热烈的掌声后，三耳秀才站在台上，接着说道：“最后，请两位小朋友，赵小燕和孙湉湉，为大家表演一个节目。”

就这样，小燕子和小吃货朗诵了《圆满就是天上月》。掌声后，组织人员走上台，兴奋地表达了谢意：“在这个社区，小朋友见我，都喊我爷爷，我听着很亲切、很幸福。刚才看到两个小朋友的表演，我想临时加一个节目，让我们在场的所有小朋友一起朗诵梁启超先生的《少年中国说》。大家说，好不好？”

“好！”下面叫声洪亮。

一番忙乱之后，小朋友们把舞台挤得满满的。

“少年智则国智，少年富则国富，少年强则国强，少年独立则国独立，少年自由则国自由，少年进步则国进步，少年胜于欧洲则国胜于欧洲；少年雄于地球则国雄于地球……美哉，我少年中国，与天不老！壮哉，我中国少年，与国无疆！”

一场“大团圆”的演出，在夜色中落下帷幕。

趣味小拓展

上周，三耳秀才给大力和壮壮分别布置了小任务，缕清“吴刚伐桂”和“西西弗斯推巨石”两个神话故事。

这天，在书房，三耳秀才说道：“看你们的表达能力啰！谁先讲？”

“我先讲”，小胖墩迫不及待地先开口，“我讲西西弗斯的故事，简单一句话，就是有一个希腊的神，叫西西弗斯，犯了很大很大的错，众神惩罚他，要他推一块大石头上山坡，快到山顶，他的力气用完了，手一松，大石头就滚下山来。接着，他又得推，石头又会滚下。就这样，循环个没完。”

“吴刚伐桂，就是吴刚想成仙，但是在修仙的过程中犯了大错，于是玉皇大帝责罚他，命他在月宫之中砍伐一棵大桂树，砍倒就可解除劳役。可是，砍呀砍，快砍断时，总有人打扰他，他一分神，桂树就长回去了。这样，吴刚又得砍。如此循环，也是没个完。”

三耳秀才问道：“这两个故事，一个是中国的，一个是外国的，情节很相似。你们觉得它们有什么区别？”

见两个孩子沉思不解，三耳秀才笑着说：“在我看来，最根本的区别是，一个是桂树，是有生命的；一个是大石头，是固定的。有生命的桂树，被砍伐，又长回去，某种意义上就是生命的循环，就像寒来暑往、春夏秋冬的交替。而希腊的大石头，给我们最直接的感受就是负担，就是压力，就是无可奈何。”

熊孩子摸摸脑袋：“我还是听不太懂。”

“秀才老师，我也弄不太懂。”小胖墩也说道。

“不用执着于标准答案。我给你们讲的，不过是一个启示，让你们动动脑！”

“嗯哪”。两个男孩儿同声应道。

“那么，我问你们，你们愿意当吴刚，还是当西西弗斯？”

“那当然是吴刚。”两个男孩又齐声道。

小胖墩还加了一句：“至少，在桂树下，到了中秋，有桂花香可以闻到的呀！”

重阳节

重阳节：少年如何帮忙？

书房，父子对答

临近重阳节，熊孩子李大力兴奋地跑到爸爸三耳秀才的书房，迫不及待地问：“爸爸，重阳节是传统的老人节，为什么古代没有儿童节或者少年节呢？”

“你这个问题问得好！”三耳秀才放下书，笑着回答：“首先，古代的节日里，少年可是不可或缺的重要角色呀！没有少年，节日怎么能热闹呢？所以，虽然没有专门的少年节，但少年一直都是节日里最好的配角。其次，重阳节之所以被称为老人节，不仅是因为人年纪大了面临许多困难，还和我们的传统文化有很大关系。我们中国人讲究尊重老人，关爱年轻人，‘老吾老以及人之老，幼吾幼以及人之幼’这句话，是谁说的？”

“哈哈，我知道！是先秦的孟子说的。”李大力骄傲地回答。

“没错，真厉害！”三耳秀才赞赏道。

“那重阳节还有什么特别的呢？”李大力好奇地问。

“重阳节的文化内涵可多了，九月初九，九为阳，两个九就是

重阳。这个节日有很多民俗活动，比如登高、赏菊、佩茱萸……”三耳秀才娓娓道来。

“佩茱萸？王维的诗里不是说‘遍插茱萸少一人’吗？为什么用‘插’而不是‘佩’呢？”李大力故意加重了“插”字的音调，像是在挑战爸爸。

“这问题问得也很好。其实，‘佩’和‘插’的声调不同，一个是平声，一个是仄声。在诗句中，我们只能用‘插’，而不能用‘佩’。”三耳秀才耐心解释。

“平仄太复杂了，我不想学。”李大力嘟囔着。

“没关系，只要你读起来顺口就行！来，试试念‘遍插茱萸少一人’和‘遍佩茱萸少一人’，看看哪个顺。”三耳秀才微笑着引导。

李大力默念了一会儿，最后说：“果然，‘遍插茱萸’念得顺多了！”

“好，这就对了。接下来，我再问你一个问题，王维的诗《九月九日忆山东兄弟》其实是文不对题，为什么呢？”

“爸爸，你又在出难题了！”李大力无奈地说。

“‘遍插茱萸少一人’，那个‘少’的一个人是谁呢？是山东的兄弟，还是……”三耳秀才故意停顿。

“这个我还真没想过，”李大力歪着脑袋，思考了一下，“所以，答案应该是王维自己吧！”

“对啦！所以我们可以说，王维的诗题可以改成《九月九日山东兄弟忆我》。”三耳秀才笑着说。

“爸爸，你这样改不对吧？你想表达的是什么呢？”李大力好奇地问。

“哈哈，我们的熊孩子变得聪明了！”三耳秀才开心地说，“艺术表达要有技巧。你想表达‘我想你’，最好不要直接说，而是绕着说，比如‘我猜你正在想我’。这样才能让情谊更深厚。”

“爸爸，原来重阳节这么有文化！”李大力感叹道。

“重阳节不仅有文化，还有政治。我再给你讲一篇文章。”

“洗耳恭听！”李大力兴奋地说。这时，他拿起爸爸泡的茱萸茶，喝了一口，笑着说：“吃茱萸，苦涩，喝茱萸，苦涩没啦！”

“说得好！喝茱萸没苦涩，但听我讲历史可有点儿挑战哦！”三耳秀才开始讲解。

“讲了文化，我们再来讲讲政治。中国很多王朝都有以孝治天下的传统。”三耳秀才说着，从书架上拿出一本书，翻了翻，开始朗读：“伏惟圣朝以孝治天下，凡在故老，犹蒙矜育，况臣孤苦，特为尤甚。……臣无祖母，无以至今日，祖母无臣，无以终余年。母、孙二人，更相为命，是以区区不能废远。”

“爸爸，你肯定又要教我写文章的技巧了！”李大力笑着说。

“没错，写文章要注意收集好句子，特别是句子的内在转换。‘臣无祖母’到‘祖母无臣’，这样的表达很重要哦。”

“我知道了，秀才爸爸又来语重心长了！”李大力笑着回应。

“好了，重阳节快到了，我给你和姐姐两个选项：一个是去爬山，另一个是去养老院表演节目。你选哪个？”三耳秀才问。

“爸爸，我问你，如果在路上看到一百元和五十元，你捡哪一张？”李大力调皮地反问。

“当然是捡一百元的！”三耳秀才回答。

“哈哈，错了，应该是两张都捡呀！”李大力笑得前仰后合。

“哦，我明白了，你的意思是两个活动都要参加！”三耳秀才恍然大悟，点头。

登山，则情满于山

重阳时节，总要去登高。今年，三耳秀才带着少年营的小伙伴们一起去爬宝山市的东宝山。

到了山脚下，大家看到人多，兴奋得不得了，纷纷冲向山上。三耳秀才则慢悠悠地跟在后面，嘴里念叨：“登山则情满于山，观海则意溢于海。”（出自刘勰《文心雕龙》）

小燕子回过头来，问：“爸爸，你在说什么呀？”

“我在说，你们爬山要开心，还要观察一下山里有没有茱萸和野菊花。”三耳秀才回答。

“好咧！”小燕子兴奋地跑去追小伙伴们。

爬山已经成为宝山市市民喜爱的活动。秋天一到，层林尽染，爬山的人更多。

一个小时后，三耳秀才终于追上了小朋友们。大家在山腰休息，三耳秀才对李大力说：“大力，上次叫你准备的故事，你准备得怎么样？现在给大家讲讲吧！”

“什么故事？”李大力疑惑地问。

“就是你准备的‘两翁’的故事。”三耳秀才提醒道。

“哦对，‘两翁’就是茱萸和菊花。这两样东西都和重阳节的传统民俗有关。不过，现在大家更关注的是菊花，知道为什么吗？”李大力开始讲解。

“茱萸和菊花怎么成了翁呢？”小吃货孙湉湉好奇地问。

“茱萸是一种中药材，可以治腰酸、脚痛、头晕等，所以古代人叫它‘避邪翁’。而菊花也是一种中药材，能降血压、提神，所以叫它‘延寿翁’。”李大力认真地说。

“所以你要讲的是这两个“老头”的竞争，为什么延寿翁的粉丝更多？”小燕子接着问。

“对！因为茱萸比较少见，而菊花到处都有。”李大力回答。

“还有，菊花的品种多，很多地方都有菊花展！”小燕子补充道。

"'茱萸'这两个字太难写了！"小吃货也加入了讨论。

大家都笑了，三耳秀才看着孩子们，欣慰地说道："你们表现得不错，事前准备得也很好！继续加油！"

"爸爸，你的理由呢？"小燕子问。

"我的理由是，茱萸诗少，菊花诗多呀！大家比较熟悉的菊花诗有哪些？"三耳秀才循循善诱。

于是，孩子们开始"串烧"地背诵菊花诗。

"采菊东篱下，悠然见南山。"（《饮酒·其五》陶渊明）

"待到重阳日，还来就菊花"。（《过故人庄》孟浩然）

"不是花中偏爱菊，此花开尽更无花。"（《菊花》元稹）

"尘世难逢开口笑，菊花须插满头归。"（《九日齐山登高》杜牧）

…………

就这样，大家背着诗，走走停停，又过了半个多小时，终于登上了东宝山的山顶。

在山顶，三耳秀才给大家讲了一个知识点："中国古代传说里，很多凡人修道成仙，通常是在重阳节。这就是我们重阳登高的意义，表达了我们想要超越平凡生活的愿望。"

“可是，我们又成不了仙，那怎么办？”李大力问。

“境界高自有妙处。做人，要追求大境界！”三耳秀才回答。

“境界在山顶！”小吃货接着说，“上次登山，秀才叔叔说过一句经典的好句：‘读书如秋日登山，风光在路上，境界在山顶。’今天再次登顶，我越想越觉得这句话妙！”

三耳秀才心里高兴极了，带着大家坐在山顶的亭子里休息，迎着凉爽的秋风，开始讨论写作的道理。三耳秀才说：“大家都知道苏东坡的《题西林壁》，其中前两句更重要。”

小燕子道：“大家都知道的是那句‘不识庐山真面目，只缘身在此山中’，这可是金句！你说前两句重要，爸爸，你这是故作惊人之语！”

“当然不是！写作要从具体的感受出发，这就是我认为的从点出发，在点上感悟，训练语言和表达方式。这样，你们不知不觉就能提高写作技巧。”三耳秀才解释。

“这是我的经验之谈，不是硬讲道理。”他补充道，“所以，理解苏东坡的诗句，不要仅仅从哲理的角度去看，而是要想象自己在一座山上，左看右看，甚至歪着头看，这样才能看到‘横看成岭侧成峰，远近高低各不同’。”

三耳秀才讲得起劲，看到大家似懂非懂的样子，便让大家一起背苏东坡的《题西林壁》。

“横看成岭侧成峰，远近高低各不同。不识庐山真面目，只缘身在此山中。”山顶上响起了朗朗的背书声。

这时，眼尖的小燕子看到山顶上有无人机在拍摄，兴奋地说道：“快看，有无人机！如果苏东坡有无人机，我们不就早知道庐山的真面目了吗？”

大家都笑了，接着三耳秀才问：“饿了吗？”小吃货立马从书包里小心地拿出一盒五色重阳糕，问大家：“你们要吃哪一种？”

“我要红的，我要火！”李大力兴奋地叫道。

“每种颜色都有好几块哦。”小吃货不慌不忙地说。

“吃什么颜色也有讲究哟。”三耳秀才拿起一块重阳糕，边吃边解释：“在中国传统文化中，五色各有象征意义，和五行、五方相对应。绿色代表东，红色代表南，白色代表西，黑色代表北，而黄色代表中央。”

“所以你挑了黄色的，我还以为你会挑红的呢！”李大力调侃爸爸。

重阳也是“女儿节”

阴历九月的一个周末，小燕子和妈妈一起逛街。

喝着饮料，小燕子突然问：“妈妈，你到外婆家怎么还住了好几天？我都想你了。”

“我也要过节呀！整天忙你们的事，我得休息一下。”妈妈回答。

“妈妈，你过什么节呀？快重阳节了，你要过重阳节吗？妈妈，你还年轻，又不是老人！”

“对呀，我就是得过重阳节的。我告诉你，重阳节也是女儿节哦！”妈妈神秘地说道。

“什么？重阳节也是女儿节？七夕节才是女儿节吧？”小燕子疑惑地问。

“七夕节也是女儿节，但重阳节也可以叫女儿节哦。还有三月三上巳节也可以叫女儿节。”妈妈解释。

“这么多女儿节，有区别吗？”小燕子好奇地问。

“哈哈，我也是听你爸爸讲了才知道的。”妈妈笑着说，“三月三踏青，迎接春天，而九月九是辞青，迎寒。这是告别春天的日子。三月三是女儿节，是没有出嫁的女儿到处逛；而九月九是女儿节，是出嫁的女儿回娘家。”

“九月九的女儿节有什么讲究？”小燕子继续问。

“这个讲究很早，至少明朝就有了。其实就是女儿出嫁后在婆婆家，每天要干很多活，太累了，所以才有了这个女儿节，让女子们回娘家休息几天。”妈妈回答。

“妈妈辛苦了，我代表爸爸和全家感谢你！”小燕子调皮地说。随后又问：“妈妈，这几天你在外婆家过得怎么样呀？”

妈妈回了一句流行语：“谁在妈妈身边还不是个宝宝呀！”

母女俩笑成一团。

“今天逛街，我们给外婆买件新衣服，给外公买瓶菊花酒，让他们好好过重阳节！”妈妈说。

夕阳，那个红！

“夕阳红”幸福院是宝山市一个不大的养老院，里面有近百位老人，其中超过 90 岁的就有 9 位。

宝山市有许多志愿者团队，每年重阳节，很多志愿者都会到“夕阳红”来开展敬老活动。这一天，三耳秀才也随大夏小学的志愿队，一起走进了“夕阳红”。

两个小男生，小胖墩和李大力是一组，他们的主要任务是陪聊。这个任务其实是三耳秀才交给他们的，核心就是：隔代亲，隔代为什么亲呢？

一位老奶奶说：“孩子们，你们来了，就像突然降临的小天使，给我们带来了快乐！”

一位老爷爷说：“孩子啊，你们的爸爸妈妈对你们有教育的责任，他们希望你能养成好的习惯，所以会严格一些。而我们呢，更想让你们感受到无条件的爱。我们知道你们调皮是因为在探索这个世界，这是孩子的天性。我们不想因为这些就批评，让你们不开心。”

至于小燕子和小吃货，她们的任务是给老人们拍照。三耳秀才看到她们认真忙碌的样子，有点意外，也有点欢喜。她们参加过摄影培训，所以拍照技术没问题。拍照完成后，小吃货对“夕阳红”的工作人员说：“我们会把大照片洗好，配好相框，送过来的！”

老人们看着小燕子相机里的自己笑成了一朵花，听了这话，更开心了！

志愿队这次到“夕阳红”，还带来了一场演出。李大力打了一套五步拳，老人们连声惊叹。

“夕阳红”幸福院里两个年近八十的老人，是文工团出身，声音洪亮地来了一首老歌联唱。其中有一首歌曲《中华民谣》，词曲好听极了：

“朝花夕拾杯中酒，寂寞的人在风雨后，醉人的笑容你有没有，大雁飞过菊花插满头……”

小胖墩听了，暗叫了一声：“这歌词真漂亮，唱得也好！”

三耳秀才在一旁听到，感慨道：“老人唱歌，更有韵味！”

“什么样的帮忙是真帮忙？”

“夕阳红”敬老活动结束，迎着夕阳，三耳秀才带着叽叽喳喳的孩子们回家。

在书房，三耳秀才说：“这次志愿活动，我们大夏小学的小志愿者们表现得非常好。集体项目《我爱你，中国》等，都是非常棒的！不过，我们到养老院，除了帮助老人，我们自己有什么收获呢？所以，我想讨论一下人老了的境界，讨论一下什么叫帮忙，什么叫真正的帮忙。”

他在小题板上写下“苍茫”两个字，随后讲了一诗一文。

一文是作家史铁生的《我与地坛》。三耳秀才就着重阳的日子，解读了“死是一件不必急于求成的事，死是一个必然会降临的节日”，给孩子们讲了生死观。

一诗是毛泽东的诗《七绝·为李进同志题所摄庐山仙人洞照》。“‘暮色苍茫看劲松，乱云飞渡仍从容。天生一个仙人洞，无限风光在险峰。’毛主席这首诗虽然不是描述老年人的生命状态，但‘暮色苍茫看劲松，乱云飞渡仍从容’表达了夕阳的壮美。比‘夕阳无限好，只是近黄昏’的消极，多了豪迈，没有一点悲观情绪。”进而，三耳秀才感叹，“我觉得我到老了，也要努力达到这样的状态。我也希望你们这些少年人远远打量一下人生中的老境。其实，这种老境，也别有一种美。”

讲完一诗一文，三耳秀才有意把脸拉长，严肃地说：“在活动中，我听到你们私下小声说，老人身上有怪味，难闻。是不是？”

孩子们都低下头，不敢说话。三耳秀才说：“其实你们说的小话很真实。不过我刚才给你们讲了‘苍茫’，这里我想再给你们讲一讲帮助，什么是真正的帮助，什么是好的帮助？”

“秀才老师，你不会说我们到养老院活动不是真的帮助吧？我们没有帮助到他们吗？”小胖墩问道。

“今天我们的敬老活动，确实帮助到了老人们，老人们开心笑了就是最好的证明。但同时，我们也要认识到，老人们也让我们见识了‘苍茫’，老人们也帮助到我们了。大家慢慢想一想，是不是这样？”

大家都不吱声，沉默了一会儿，小吃货领悟点头：“我明白了，秀才老师。好的帮助，一定是你帮了我，我也帮到了你，互相帮助才是真的帮助、好的帮助！”

三耳秀才赞许地微笑：“而且，我带着你们认识了重阳节，你们也用自己的理解感悟让我对节日的认知更加鲜活。”

趣味小拓展

重阳节，宝山市米发大广场举办了大型菊花展，到处是赏花人。熊孩子一开口便用上了成语：“躬逢其盛。”

“宁可枝头抱香死，何曾吹落北风中。”三耳秀才，转过头对小燕子和熊孩子说：“中国文人最爱菊花，菊花中蕴含了我们中国文人的品性呀！”

三耳秀才给大家讲了个苏东坡改写王安石菊花诗的故事。故事是这样的：

有一年重阳节，苏东坡拜访大丞相王安石，走进王安石的书房，发现王安石不在。他看到书案上有新写的两句诗：“昨夜西风过园林，吹落黄花满地金。”苏东坡心想，菊花不落瓣，怎么会是“满地金”？自恃才高的他拿起笔，给王安石续上了后两句：“秋花不比春花落，说与诗人仔细吟。”

王安石回来后不久便发现了苏东坡的手笔。

不久，苏东坡因“乌台诗案”被贬到黄州做团练副使。

又一年重阳，在湖北黄州，苏东坡赏菊花时，突然发现满地吹落的菊花。这时他才明白：“我错了。”知错能改，善莫大焉。

听完故事，小燕子问道：“菊花花瓣真的会落吗？”

“会的。有落瓣的菊花品种，特别是在南方。”三耳秀才认真地说。

“小燕子问了一个问题，我也来问一个。”燕子妈妈上来提问，“王安石的诗和苏东坡的续诗，真的是他们写的吗？”

“哈哈，几乎可以肯定——不是。”三耳秀才笑着回答，“先说王安石，他确实有一首《残菊》诗，头两句是‘黄昏风雨打园林，残菊飘零满地金’。故事里的那句不过是与此相似而已，并非原诗。至于苏东坡的续诗，明显有打油诗的味道，怎么可能是苏大才子的呢？”

熊孩子一歪头，接着问：“那么，这个故事是真的吗？”

“故事也不是真的。这个故事出自明代冯梦龙的《警世通言》，原故事的名称叫《王安石三难苏学士》。”

“那么，冯梦龙为什么要调侃苏东坡呢？”

“哈哈哈，”三耳秀才笑声大作，“树大招风呗。苏东坡和王安石不仅是同时代的大文人，而且性格都极其鲜明，他们之间能没有故事吗？那么冯梦龙用他俩编的故事，能没有‘流量’吗？”

后 记

少年游 浩浩荡荡

2024年4月，《我们的节气》诞生了。2025年4月，《我们的节日》也顺利面世。在这两年的创作旅程中，我化身“三耳秀才”，带着赵小燕、钱壮壮、孙湉湉和李大力畅游二十四节气和七大传统节日。

带着少年游，游中国的节气，游中国的节日。这两次漫游，对创作而言，当然会有区别。这次我着力最多的在中国人的“精神”。因为在写作中，我对传统节日有了更深的理解和把握。一开始，传统节日其实都有负面的元素。但那又如何？中国人善于迎接挑战，随着时间的推移，传统节日逐渐融入了丰富的内涵和仪式感，让那些曾经的苦涩瞬间变得闪耀动人。比如，生离死别是人生大苦：死别是清明节的主题，所以才会有“路上行人欲断魂”；生离是中秋的难题，故苏东坡想念弟弟苏辙时说“但愿人长久，千里共婵娟”。如此一来，抖擞精神，我们中国人的人生观、生死观，不就在节日中得到了最集中、最充分的体现吗？

作为一本面向少年的书，我更注重当代年轻人的视角。因此，除了我个人的思考，我还邀请了我的儿子韩春丹帷参与其中，为本书注入了年轻人的独特见解。

希望《我们的节日》一书，能够让小读者这一年的学习时光更添乐趣，期待中国少年在年复一年的光阴中，能够更加健康、快乐地成长。

图书在版编目（CIP）数据

我们的节日 / 三耳秀才著 ; 三零插画. -- 杭州 : 浙江人民出版社, 2025. 5. -- ISBN 978-7-213-11980-4

Ⅰ. K892. 1-49

中国国家版本馆CIP数据核字第202521RD82号

我们的节日

三耳秀才 著　三零 插画

出版发行：浙江人民出版社（杭州市环城北路177号　邮编　310006）
市场部电话：(0571)85061682　85176516

责任编辑：徐　婷　　营销编辑：陈雯怡
责任校对：姚建国　　责任印务：幸天骄
封面设计：厉　琳
电脑制版：浙江新华图文制作有限公司
印　　刷：杭州钱江彩色印务有限公司
开　　本：710毫米×1000毫米　1/16　　印　　张：8.25
字　　数：76千字　　插　　页：2
版　　次：2025年5月第1版　　印　　次：2025年5月第1次印刷
书　　号：ISBN 978-7-213-11980-4
定　　价：36.00元